職場生存術

搞懂職場邏輯就能輕鬆工作

張羽 著

萬里機構

前言

無論何時，思維和行動都決定着一個人的命運，格局與價值觀則影響着一個人的成敗，而這正是底層邏輯的核心。

現實中，有些人寧願碰得頭破血流，輸得一敗塗地，也不願意改善他的底層邏輯——思考問題和解決問題的方法。我們見到了太多這樣的人，而我們有時也犯下了這樣的錯誤。

比如說，在職場上不斷跳槽又從不滿足的人各有各的理由。

他們將自己跳槽的原因歸於客觀，用旁枝末節的因素使自己心安理得，以安慰自己其實已經犯下的纍纍錯誤。有些人不認同工作是人生的目的，也不認同工作是一種自我價值的實現，而是僅視為一種利益至上的謀生手段。

具體表現在，他們缺乏長遠的職業發展規劃，沒有腳踏實地與全力以赴的心態，也不想為了一份事業便廢寢忘餐並永不言棄。當然，他們也拿不出不可替代的真本事。

工作中遇到障礙時，他們的第一念頭是跳槽、反抗、推卸責任。

在採取這些行動前，抱怨早已脫口而出：「同事不理解我，老闆不支持我，關我甚麼事呢？」想來想去，還是換工作吧。因為在他們的邏輯體系中，不是自己沒能力，是沒有碰到喜歡的工作、待遇好的公司和有一雙慧眼的老闆。

這類人解決問題的辦法只能是不斷地從頭再來。

學習底層邏輯，是為了讓我們在陷入困境或發展不佳時擁有開放的視野、無盡的想像力、強大的學習力與直透本質的能力。

謹記：**思維層次愈高，你的價值就愈高；底層邏輯愈堅固，解決問題的能力愈強，發展機會就愈多，成就也就愈大。**

目錄

CHAPTER 3 學習邏輯

再優秀也需要積極努力、不斷學習

CHAPTER 4 團隊邏輯

大家好，你才會真的好

CHAPTER 5 態度邏輯

態度是做好一切事情的基礎

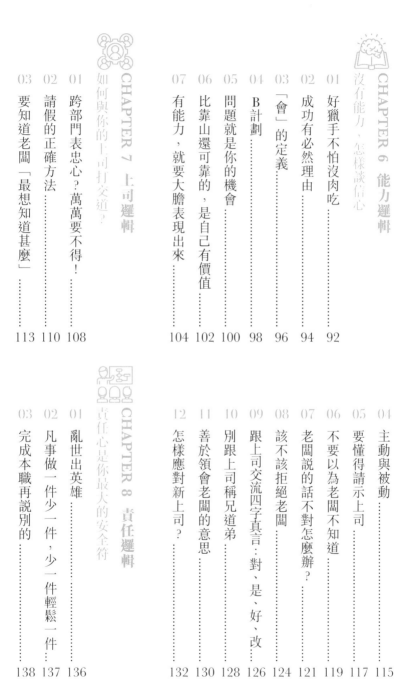

CHAPTER 6 能力邏輯

沒有能力，怎樣談信心

CHAPTER 7 上司邏輯

如何與你的上司打交道？

CHAPTER 8 責任邏輯

責任心是你最大的安全符

CHAPTER 1

定位邏輯

底層邏輯的第一步：給自己一個準確的定位

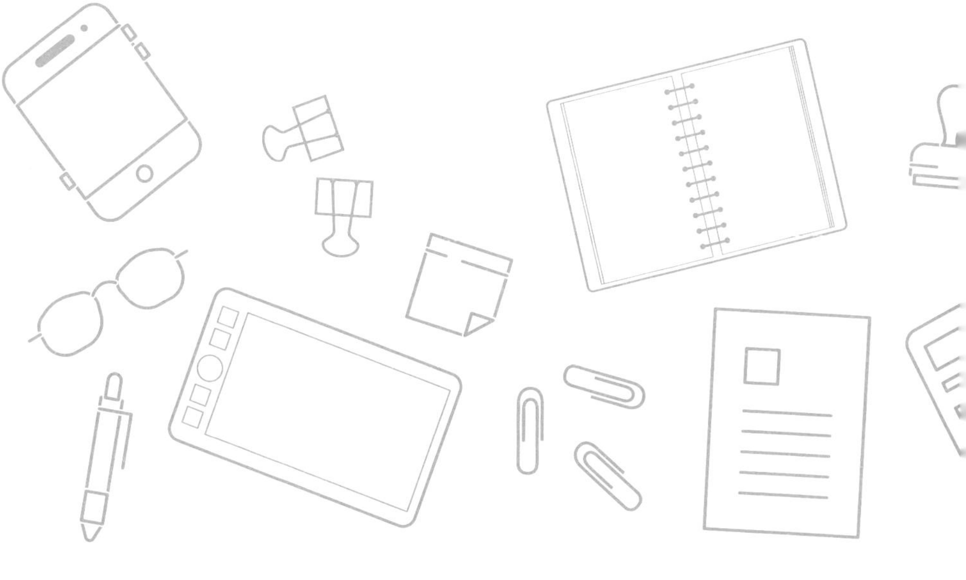

01「你」是你最大的後台

命運的主宰者一直是我們自己，求助於別人拉一把，無異於自卑沉淪。你的未來取決於自己，也100%地倚仗於自己。

你的定位是甚麼？首先弄清楚三個問題：

第一，我是誰？第二，我能做甚麼？第三，我應該怎麼做？

公司的一名新員工和某位管理層成員是親屬，他的簡歷不錯，並不需要動用關係才能被聘請。所以他特意強調這一點：「老闆，你看我的學歷、經歷，應該達到公司所要求的水平了吧？」

我沒有和他兜圈，直接告訴他：「從你的工作經歷看，你是一名職場老手，公開試成績不錯，說明知識儲備很好，同時還是熟人介紹，那我對別人要求六十分，對你的要求就必須八十五分，以免同事覺得你是依靠關係而有特殊對待。別人只要做得不差我就得表揚和鼓勵，你做得好了我說不定還要批評和更嚴格地要求；做得不好我會馬上指出來，不會像對其他員工一樣給你太多調整的時間。可以嗎？」

這名新員工爽快地答應了。

除了你自己，沒人是你一生的依靠

有位著名銀行家曾經說：「假如一個人既無閱歷又無背景，只有他自己可以依靠，那麼他最好的起步方法是：一、獲得一份工作；二、珍惜他的第一份工作；三、培養勤奮敬業的好習慣；四、認真地學習和觀察，獲取經驗；五、努力成為不可或缺與舉足輕重的人；六、成為一個謙虛、有修養的人。」

這六個步驟的核心是圍繞自己做好價值定位，為形成正確的底層邏輯打下堅實的第一步。人要生活得好，工作得好，最大的靠山是自己，不是別人。「你」是你最大的後台。

覺得命運不公，是因為你只想求助命運

許多職場新人一旦遇到挫折就抱怨命運的不公，總覺得自己是一匹千里馬，可是懷才不遇，沒有伯樂賞識他。這種思想的有害之處，是他將希望寄託到了虛無飄渺的伯樂身上，被動地等待，環目四顧，希望有人發現他的才華，希望有人賞識和提拔他。他的定位中沒有他自己的位置。

事實是，命運的主宰者一直是我們自己，求助於別人拉一把，無異於自卑沉淪。工作中你是自信奮發，是懷才不遇，還是主動抓住機會，這些完全不同的狀態全由你來決定。你的未來取決於自己，也 100% 地倚仗於自己。

02 別夢想一步登天

針對自己做好信心的定位，也要做好吃苦的心理準備，然後努力挖掘自己的潛力，逐步鍛煉和提升能力。

我的秘書阿穎十分真誠地問過一個問題：「老闆你教教我，在職場打滾怎樣才能最快地平步青雲？」

我說很簡單，要麼成為老闆，要麼成為老闆娘。

阿穎瞪大眼睛看着我：「可是，你已經結婚了啊！」

我心中一驚，她當真了？馬上正色道：「你想積極進步是好事，但要學的比成為老闆娘難多了！」

我認真的對阿穎講了下面四條工作原則：

對工作：學習基礎知識，熟悉崗位職責，理清工作流程，抓住工作重點；

對客戶：累積客戶信息，了解客戶訴求，犧牲自我時間，完成客戶願望；

對老闆：深諳老闆好惡，配合老闆節奏，完成老闆任務，達成老闆目標；

對同事：摸清同事秉性，善於利用關係，控制友善距離，提高工作效率。

這四條缺一不可，將這四方面的事情處理好，提高能力，強大自己，那就能平步青雲。沒誰能躲開這四條，你看到有人好像輕輕鬆鬆就成功了，那是你沒看到他背後做這些事情時的辛苦與投入。

成功不是讓大風把你吹上去，是你鑿山為梯一步步爬上去。

做好信心定位，也要做好心理準備

被稱為「經營之聖」的稻盛和夫在《幹法》一書中說過四句話：不斷樹立高目標；付出不亞於任何人的努力；不要有感性的煩惱；嚴酷地鍛煉自己。總結，就是要**針對自己做好信心的定位，也要做好吃苦的心理準備，然後努力挖掘潛力，逐步鍛煉和提升能力**。信心是第一步，吃苦是第二步，最後一步才是成就自我。

從來沒有捷徑，必須循序漸進

平步青雲從來沒有甚麼捷徑，如果有的話，那它的價值也就不大了。

第一，要給自己量身定做一個學習和工作計劃。先學甚麼，後學甚麼，讓能力慢慢成長，要合理而不是激進，要成熟而不是天真。

第二，要有雄心壯志更要有十年磨一劍的心理準備。將眼前的事情一件件做好，這才是成功的本質。

03 工作最不需要的是「私心」

當人的動機摻雜私慾時，必然影響他的思想和行為。只要沒有私心，我們就沒有幹不成的事。相反，如果工作中有私心，不但員工難成長，公司也難有發展。

我在走廊遇到公司管理層的李老闆，李老闆開門見山：「新來的員工表現怎樣？比如那個阿華。」

我馬上明白新人阿華嘴裏的關係就是李老闆，便笑道：「看來阿華來歷不小，你這個老闆還親自關心，不會是想給他點特殊照顧吧？」

李老闆趕緊說：「我只是關心他能不能適應，他的能力應該不錯，根本不需照顧，相反我還要嚴格地要求他，希望你不要誤會。」

我說：「這是當然的，公司中任何一個人都不需要照顧，包括你我，行就是行，不行就是不行。誰如果需要照顧，不僅是給公司找麻煩，也是在給他自己惹麻煩。所以我早交代了下面的部門經理，一碗水要端平。」

生活中我們要有私心，比如關心親人、照顧孩子、贍養父母，這都是人人要具備的私心。但工作中不行，我們的心可以去感受工作中的人和事物的好壞；一個人有沒有能力，能為公司做多大的貢獻，我們能提供哪些幫助，衡量這些有公正的標尺，有統一的標準；人們在看着，也會效仿，因此不要讓私情與私慾蒙蔽自己的眼睛，主導自己的行為。

「心」也是我們內在的動機。

當人的動機摻雜私慾時，必然影響他的思想和行為。他會投機取巧，忙於攀拉關係，靠上司、親戚的庇護上位，在團隊中製造不公平競爭。在他的邏輯中，他所依賴的不是他自己，是想靠傍他人獲得成功，最後必然影響公司的工作成果，也影響他自己的聲譽。

我向阿華和李老闆點明了這個問題，乍看起來不近人情，其實是對阿華和李老闆的尊重，一視同仁，也是把潛在的問題扼殺在源頭。

只要沒有私心，我們就沒有幹不成的事。相反，如果工作中有私心，不但員工難成長，公司也難有發展。

希望我們都不要爭着去做一個聰明人，而是努力成為一個踏實和專注的人。

04 幹不好就去創業？

當不好一名優秀的員工，也就不可能創業成功。做不好價值的定位，也就找不到實現自我價值的平台。

現在總有一些人在工作不順或心情不爽時，便萌生出許多不切實際的奇思妙想，比如去創業。

公司的阿明因工作問題被我狠狠地批評一番後，一出會議室便抱怨：「受這氣，還不如去創業自己當老闆！」

我說：「你等等，跟我說說看，怎麼有了這麼危險的衝動？」

我接着對他講：「我不是妨礙有能力的人去創業，是阻止沒能力的人去送死。」

阿明說：「還不是因為你老是罵我，說我業績不好，還說我幹活粗糙，總之你總是挑我的毛病！」

「哦！」我說，「那你的業績好嗎？幹活是不是老出錯誤，同事有沒有提意見，考核表上的數據是假的嗎？」

阿明嘴硬：「你說得對，但我是年輕人，總要給點進步的時間嘛！誰一生下來就是老闆就是高手啊？我覺得自己知道挺多的，也有了經驗，就算創業危險大，也未必失敗吧？」

看到他這麼固執，我只好繼續批評他，否則他真有可能辭職創業，然後三兩個月便因創業失敗而深受打擊，失去對未來的信心。

我說：「阿明啊！你在公司上班是在用老闆的薪水培養自己，犯錯的成本由公司揹。就像這幾個月你業績不好，公司在你身上是賠錢了，可仍然給你出糧，你的基本生活未受影響。但是創業完全不同，是你自己花錢為一切的錯誤埋單，賺了是你的，但賠了也是你的，倒是沒人罵你了。不過第一，薪水沒有了；第二，所有花錢的地方你都得自己來。如果賠掉的是借來的錢呢？到時你身負巨債又無償還能力，還會像今天這麼想嗎？」

其實，也可以打這樣一個比方：普通的房屋都蓋不好，就有本事去蓋高樓大廈了？顯然是不可能的。

如果一個人有很成熟的底層邏輯，他能立刻想明白這個道理——**能做好最基本的工作，才能負責一個項目；能負責好一個項目，才能管理一個部門；能管好一個部門，才有機會管理一家公司。**

能力的提高是由下至上，飯要一口一口吃，力量要一點一點積累。當不好一名優秀的員工，也就不可能創業成功。做不好價值的定位，也就找不到實現自我價值的平台。

05 先做最好的自己

你要先把自己變成「最好的自己」，為公司作出很大的貢獻，再跟老闆商談如何讓公司變得最好。

阿晶是一個特別有想法的員工，她對公司也很熱愛，提了不少建議。有一次她又向我提意見，而且表明是跟我談判，上來就列出了一連串的問題：

1. 公司的某一些規定有點不人性，平時大家經常都是早到的，所以偶爾晚到一次不應該算作遲到；
2. 別的公司下午或中午都會給員工發一份水果，我們也應該這樣，提高一下福利；
3. 只要合同簽成了，除了給獎金之外，還應該有相應的帶薪假期，讓員工有放鬆休息的時間。

她滔滔不絕地說完，用一種無比期待的眼神看着我，好像她的建議能讓公司發生翻天覆地的變化。

我說：「你憑甚麼認為我會同意？」

她說：「老闆，你不是一直都説要人性化管理麼，這樣做，會讓員工感覺我們公司是一間好公司。

要知道一間公司受人崇拜，正是由於它的個性化福利政策，是世界範圍內人們最想進的公司，我希望我們公司也能有這一天！」

她説得有道理，但卻毫無可能。

第一，這不是她能跟公司談的問題，她的任務是把本職工作做好，是搞好具體的項目，完成我交代的任務，而不是指引公司未來的方向。

第二，公司的管理制度和福利政策不是取決於其他公司的標準，是由自身的實際情況和行業環境決定的；所以即使她講得對，公司也不可能現在採納。

我給她的回覆是——你要先把自己變成「最好的自己」，為公司作出很大的貢獻，再跟老闆商談如何讓公司變得最好，甚至變成「香港最好的公司」。

有這種認知，那麼他的生活和工作都能不斷地前進，飛快地成長。

先做最好的自己，體現的是一種專注的定位，是對自身的聚集，是強有力的起飛點。如果一個人能成為最好的自己，才有能力去改變環境，影響別人，乃至改造世界。

06 如果真的沒有大志那就去掙錢吧！

如果一份工作你不喜歡，不能把注意力放在努力工作上面，那就把注意力放在賺錢上面吧！也許你就能從中體會到工作的樂趣了。

我最頭疼的一類員工，就是既不想升職，又對錢沒有興趣。

公司的阿晶最近工作一直都不積極，不像過去那樣整日想着升職了，也不再積極地建言獻策，變得一聲不吭。

我找了個機會問問她的想法，她一開口便讓我震驚：「其實我沒想過升職甚麼的，每天完成自己的工作就挺好，我也沒想過要當甚麼職場精英。我對賺多少錢也沒概念，夠我買點化妝品就夠了。」

聽她這麼一說，我知道最擔心的事情發生了——她對工作喪失了上進的動力。

我說：「你有沒有理想，是不是胸懷大志，實際上公司是不會真的在意的，作為老闆我只會在意你能不能為公司掙錢，讓公司從你的工作中受益。如果一份工作你不喜歡，不能把注意力放在努力工作上面，那就把注意力放在賺錢上面，在不違背公司的利益和你個人原則的前提下，盡情地去掙錢吧！也許你就能從中體會到工作的樂趣了。」

阿晶略感意外，反問：「你的觀點和網上流傳的老闆的想法不一樣，馬雲啊甚麼的都拼命給員工洗腦讓員工不要談錢，你反而讓我為錢奮鬥。」

我說：「聽好了，這是建立在你胸無大志的前提下，讓你為了賺錢努力，是給你一個不要浪費光陰的機會。這是為你好。」

奮鬥，就要有一個基本目標。

志向是很宏大籠統的概念，它可以包括任何東西，比如錢。

馬雲喜歡對員工談理想，但我從不反對人們在工作中多談錢，因為工作的基礎目標就是幫我們賺錢養家糊口。畢竟，我們大部分人的理想不是做成一件多麼影響世界的壯舉，而是有錢吃喝、有錢買樓、有錢養家、有錢旅遊等這些實實在在的事情。

其實也就是，**為錢工作並用錢實現自己不工作的理想**。

第一，如果你沒有其他志向，為錢工作並不丟人。工作不敢談錢，才是一種有問題的心態和表現。

第二，如果你沒有一個奮鬥目標，就不可能有進取心，也就很難找到「貼地」的定位。

第三，如果你失去了上進心，到最後便只能淪為龍套，成為別人的犧牲品。所以為錢奮鬥也比毫無志向要好。

07 可以不聰明卻不能不得體

我們要首先成為一個得體的人，先為大局着想；其次再考慮自己的地位、收入。工作中管理者和員工的底層邏輯是統一的：先做對事情，然後做好事情。

客戶張先生的項目馬上開始，我安排了阿輝去負責。

一直在等機會的阿晶又不高興了：「張先生的項目你怎麼讓阿輝去？他的經驗少，能力也沒我高，我認為你應該讓我去。」

我說：「你是比阿輝聰明，但做事太粗率，說話太不小心，招待張先生免不了要喝酒，我還真不敢放你出去；阿輝雖然經驗少，但是他謹慎，不知道該不該說的寧願少說不說；你要知道，有時候說者無心，但聽者有意。你的確表現得很能幹，可未必能在客戶那裏留下好的印象。」

阿晶問：「聰明一點難道不是工作需要的嗎？老闆你總不會喜歡笨員工吧？」

我說：「**做事無關聰明和笨，做對、做到位才是你應該思考的，要改變頭腦，要好好優化自己的邏輯。我不看你是聰明還是笨，只看你做事是否得體，這也是一種價值的體現。**你是一個做事得體的人嗎？」

阿晶趕緊表態：「老闆我知道了，我一定朝這個方向努力！」

聰明人太多，得體的人卻太少

職場充斥着明爭暗鬥，同事之間多有競爭關係，但又必須維持表面上的祥和，保持團隊的和諧，不少人稱這種能力為聰明。但是這類聰明人如今太多了，能把心思用到工作上的人卻越來越少。

比如同在一個辦公室裏，兩個同事有矛盾，經常吵架，便會嚴重地影響其他同事的工作，也影響公司的進度和業績。他們的出發點並非是要傷害公司，而是在競爭中維護自己的利益，是為了升職加薪。

我們要首先成為一個得體的人，先為大局着想，其次再考慮自己的地位、收入。

笨一點沒關係，重要的是把事情做對

我在指點下屬時，一有機會便告訴他們，工作中管理者和員工的底層邏輯是統一的：先做對事情，然後做好事情。這跟智商無關，跟情商有關。不聰明可情商高的人頂多顯得笨拙一些，事情做得慢一些，可他們每一步走得都比較踏實。他們不會傷害公司和同事，不會給客戶留下不安的印象，也讓老闆覺得放心。所以要改造固有的思維，在大腦中刪掉「聰明」二字，讓自己從思考到言行都以得體為目標。

08 發揮專長要看環境

一個人不但要對自己的能力進行定位，還要對自己所處的環境進行定位——「我會幹甚麼」是第一步，「我在甚麼地方發揮這種能力」是更重要的第二步。

公司設計部的阿宗想調換部門，遞上了申請表。

他不想再幹設計了，想到市場部大展身手。他認為自己一定能做好市場部的工作。

我的批示是：不行。

原因很簡單，阿宗固然在3D、影片製作方面水平很高，設計能力挺厲害，還懂世界上最新的設計理念，但這種能力只在設計部有發揮的空間，到市場部他能幹甚麼呢？市場部這邊的人天天做項目，談業務，陪這一家公司的老闆喝酒，陪另一家公司的採購經理吃飯，是與設計完全不同的環境。阿宗一身的設計才能來市場部毫無用武之地。

我對他說：「阿宗，你是設計高手，工作的領悟力也強，但不代表你懂市場。**人要務實，要專注，選擇最適合自己的環境，把最擅長的能力發揮出來，而不是總想嘗試陌生的領域。**這對你不是好事，如果你到了市場部發現自己無法適應，只能再回去幹老本行，這些失去的時間也已經找不回來了。所以記住我的忠告：在熟悉的領域中做你擅長的東西，別亂跨界！」

一個人不但要對自己的能力進行定位，還要對自己所處的環境進行定位——「我會幹甚麼」是第一步，「我在甚麼地方發揮這種能力」是更重要的第二步。

我們要發揮自己的專長，就必須適合環境的需要，懂得選擇與自己的特點相匹配的環境。脫離了環境的需要，人的專長也就失去了價值。即使再有野心，也沒辦法在一個陌生的環境中做出多大的成績。

09 機會一直在，但你準備好了嗎？

公司要重用一個人，必先觀察他的工作習慣，乃至心理準備情況。如果你尚未準備好，那就不會給你機會。所以要時刻準備好，在工作中認真負責，一絲不苟。

還有一周，公司的新產品就要上線，我對這次的項目很重視，便把第一次在項目中實戰的阿明叫到辦公室，問他有沒有甚麼想法，可以說出來讓我聽聽。

阿明拍着胸口說：「放心吧老闆，這麼好的機會，我肯定好好表現，雖然具體怎麼做我還沒想好，但一定會努力把握這次機會，不辜負公司的信任！」

我生氣了：「早在半個月前公司就定好了這個產品的宣傳組成員，都說機會只給準備好的人，但這準備二字，並非說一說而已。你看看同組的阿卓，他前天就給了我一份詳細的計劃書，該做甚麼能做甚麼比你心裏有數，我看他肯定行，你肯定不行。」

阿明的臉瞬間漲紅：「我立刻回去寫計劃書，你再給我一次機會啊！」馬上就跑回了自己的座位。

沒有準備，給你機會也沒用；很小的機會，也要及時抓住

你的內心可能有無數種關於工作、未來的閃閃發光的想法，對如何做好一件事早就思考了無數遍，也想像了很多成功的場景。可是，你的思維僅僅停留在一種「淺思考」的層面，未落實到可行的方案，未形成書面或系統化的計劃以及步驟。這樣一來，隨着時間的推移，你除了重複地欣賞別人的成功案例之外，你在該領域的經驗和技能仍然未做好準備。即使機遇降臨，你也會再一次錯過。

作為現代的職場中人來説，能力不足可以培養，但是如果對待機會的態度和行動出了問題，就會在不斷錯失機遇的打擊下消磨掉自己的士氣，變得越來越平庸，也就失去了上司的信任和同事的尊重。

工作中並非時時充滿了大機遇，但即使是小事情，也會因為你的工作態度不同而產生不一樣的工作結果。

我有時候會給下屬開玩笑，只需要看一下文件打印出來的格式、排版、裝訂就知道這個事是誰幹的；因為有人釘書釘的位置是歪的，一個釘子在左，一個釘子在右，十分不整齊，且經常這麼幹。**他連小機會都抓不住，說明他並未準備好承擔大任，他對自己的定位看來就是「甘作平庸」，沒有上進心。**

因此，即使是準備一份材料這麼平常的任務，你的上司也在考察你。**公司要重用一個人，必先觀察他的工作習慣，乃至心理準備情況。**所以要時刻準備好，在工作中認真負責，一絲不苟。

CHAPTER 2

結果邏輯

讓工作落地生根

01 先完成工作，再談利益

作為員工一定要勇於主動和優先地做事，不僅把工作做完，還要做得漂亮。當你能夠在老闆過問之前就將一個完美結果準備好的時候，你想要的利益自然就會主動找上門來。

在優化工作的底層邏輯時，任何時候都十分重要的一條標準就是：無論做甚麼都要用結果去落實。結果總是第一位的，不管是好結果還是壞結果，做事都得有始有終，用最終的成果說話。就是說，只要開啟一件工作，就得讓它落地生根。這是工作的本質，也是我們通過工作使能力獲得成長的需要。你所獲得的回報，不是由你的期待決定的，是由你提供的結果製造的。

公司與客戶在談一個手機項目，已經談得差不多了，我讓阿晶彙報一下進度和之後的計劃。阿晶早有準備，開口便說：「老闆，除了向你彙報該項目的進度外，我打算多申請一成的獎金，然後看看能不能給大家一天的有薪假期，還有商家送的樣品能不能直接給我們的部門，還有……」

「你先停一停。」我叫停，「怎麼聽你這口氣，這個項目已經拿下了？」

「沒啊！這不還差一點麼。」

我笑了：「項目沒完成，你就敢跟公司要利益？」

「我這不是想先跟你談好再去做嘛！」

我說：「項目沒完成，你跟老闆要甚麼都是浮雲；項目完成了，你跟老闆要一家公司玩玩，老闆可能都會給你，懂了麼？」

與希克曼合著有《創造卓越》*(Creating Excellence)*一書的著名學者席爾瓦說過一段話：「在任何一個能和對手博弈的場合，勝利總是屬於在思想上、計劃上以及行動上比對手高出一籌的一方。」剖析這段話，席爾瓦的重點是——**最能體現人的綜合素質的是他的思想、計劃及行動所創造的效果。**

不管他是怎麼想的，都要先出了效果再談，否則就是空中樓閣。

打個比方說，阿晶可能是一個很有想法的員工，她的創造力卓越，寫作能力出眾，說起工作頭頭是道，但這只能說明她的思想和計劃上是優秀的。我表示讚賞，卻不能認可。假使不能拿出同樣優秀的行動和結果，她就稱不上卓越，對公司而言在利益的分配上便沒有她的一席之地。

所以，在工作和利益之間起到連接作用的不是大腦中的思維，是行為結果。

作為員工一定要勇於主動和優先地做事，不僅把工作做完，還要做得漂亮。當你能夠在老闆過問之前就將一個完美結果準備好的時候，你想要的利益自然就會主動找上門來。

02 能賺錢就是有擔當

說得好聽，不如做得好看，計劃完美與否沒關係，結果才是評價標準！能賺錢的不一定是好員工，但好員工一定能給公司賺錢！

公司的金秘書好管閒事，整天擔心哪件事又出了問題會讓我罵他一頓；所以他喜歡向我透露一些員工在工作中的問題。說好聽點，他有責任心；說難聽點，他喜歡打小報告、挑別人毛病來轉移自己的責任。

有一次他又來報告：「老闆，阿明那個方案你沒仔細看一眼就簽字啦？我之前看過，老覺得他的方案有漏洞，建議你還是詳細研究下，否則出了差錯你可別怪我啊！」

「知道了！你回去吧。」我說，「我才不管他的方案是否光鮮亮麗完美無缺，我只知道阿明這個方案一定能給公司賺錢。記住了，能賺錢就是有擔當，結果是好的，其他的我不需要多管。」

我們的工作哪個地方最值錢？就是在這個環節：

第一，**說得好聽，不如做得好看；計劃完美與否沒關係，結果才是評價標準！**對此我們應該都有體會，有的人字寫得好看，話說得漂亮，方案也邏輯嚴謹毫無漏洞，可就是結果令人側目，創造不出好的成績，又有甚麼用呢？

第二，能賺錢的不一定是好員工，但好員工一定能給公司賺錢！在事業上不要羞於談錢，談錢不是壞事，尤其是要算一下自己能幫公司賺多少錢。公司評價一個人是否有擔當，就看他為公司創造了多少利潤，而不是他有多少奇妙的想法。

這兩條是員工優秀的底層邏輯的行為標準，也是我們應該思考和努力的方向，是評估員工是否稱職的鐵律。

金秘書站在自己的角度所思考的，其實也遵循了這兩條標準，他要保證自己的工作可以給公司帶來利益，因此必須承擔防微杜漸的義務。同時，我也告誡他用這兩條標準去看待自己的同事。

03 公司招聘你來幹甚麼？

員工的行為邏輯是遇到問題就要拿得出解決方案，否則就不是正確的員工思維。如果一個人只能發現問題但解決不了問題，那麼他本人就成了一個問題。

馬雲說過：「公司請你來是幹甚麼的呢？是解決問題而不是製造問題。所以我們要讓解決問題的人高升，讓製造問題的人讓位，讓抱怨問題的離職。」

這句話清清楚楚表明，員工的行為邏輯是遇到問題就要拿得出解決方案，否則就不是正確的員工思維。

公司與客戶的項目在開展中遇到了一點問題，負責人阿傑為此忙得焦頭爛額，向我提意見。他認為關於這個項目的問題已經向我彙報兩次了，問題他也都說了，可我只是聽一聽，並不告訴他怎麼做，這讓他感到迷茫，不知道這個項目該怎麼完成。如果我再不給意見，他認為項目就要放棄了。

他說：「你不給意見，我不知道怎樣處理。」

我問：「公司為甚麼招聘你？」

他一愣，然後答：「因為我專業能力強？」

我說：「公司招你進來就是來解決問題的，如果問題都讓老闆自己解決了，那麼公司花錢招聘你幹甚麼？難道只是讓你提出問題嗎？工作出了差池很正常，你可以跟我彙報，但一定是帶着解決方案來的；如果你只提問題，沒有解決方案，公司要你何用，我自己去幹不好嗎？」

阿傑只能羞愧地離開。

有句話說：「你能解決多大的問題，你就坐多高的位子；你能解決多少問題，你就能拿多少薪水。」

老闆和員工的區別在這件事上有明顯的體現，老闆的邏輯是：「我要安排任務讓人做好，分配好任務就是我的責任。」員工的邏輯則應該是：「我要把老闆安排的任務做好，有問題就解決問題，不能帶着問題去找老闆彙報。」既然承擔了一項任務，就要讓它落地生根，而不是只負責挖坑，然後讓別人去填。

如果一個人只能發現問題但解決不了問題，那麼他本人就成了一個問題。

04 別讓厲害停在嘴上

凡是在自己責任範圍內的事，要一件件努力做好。

有的人不管生活還是工作都習慣了光說不做，比如公司技術部門的佳佳。同事都覺得佳佳很厲害，因為她碩士畢業，還報了很多培訓課程，是公司出了名的學霸，許多員工都想和她一樣去參加幾個資格考試，多拿幾個證書。但佳佳在公司兩年了還是一名普通員工。她在工作中並沒犯甚麼錯誤，但她每個月的業績是最低的。她水平很高，說起理論來也頭頭是道，可是光嘴上厲害，無法學以致用。對一家公司而言，老闆總是需要員工做出實實在在的成績。

第一，評估員工能力的最大標準，是你所負責的工作成果，而不是你寫在紙上的想法。掛在嘴上的厲害是虛的，能動手的厲害才是實的。管理者可以只動動嘴，員工一定要學會跑腿。就是說，要讓自己成為優秀的實幹派。沒有技能證書並不影響工作的質量，只要你的動手能力強。

第二，好的結果要先從小事做起，不要一次目標太大。凡是在自己責任範圍內的事，要一件件努力做好。做到了這一點，你的嘴上不說，公司也能看到，老闆也會記在心裏。

05 有成績的加班才是加班

公司對一個人能力的評估是立體的，不是單靠某一項的分數，比如加班的時間，而是需要綜合判斷。加班從來都不是目的，能幹出實實在在的成績才是。

員工阿明每天發朋友圈向人晒他的加班照片，同時寫上「加油、努力」之類的詞語。有時他晚上十一點還在公司忙碌，不知道的還以為他幹出了多大的成績，其實他和同事八小時的工作量差不多。

我看不下去了，便批評他：「阿明，你天天晒加班，想幹甚麼呢？」

阿明說：「老闆，我這不是想讓大家看看我有多努力麼，特別鼓勵一下同事，也給客戶留個好印象，希望他們認同我。」

我說：「你的項目沒談好，沒有業績，還晒加班是會讓我討厭的，我是該給你加班費呢還是該裝作沒看見呢？還有客戶，你負責的項目搞定了嗎，客戶打電話催我，說你已經嚴重耽誤進度了。你讓他看見這些加班的照片，他一定不會讚揚你，而是會嘲笑你無能，說那麼一點小事情你整天加班都幹不出來，哪兒來的認可呢？」

阿明明白了，五分鐘後就刪了自己朋友圈上的照片。但願他是真的明白。

評估能力，需要綜合判斷

公司對一個人能力的評估是立體的，不是單靠某一項的分數，比如加班的時間，而是需要綜合判斷。

例如，在你完成一個項目的時候，公司看的是你的工作效率，是對於時間的利用質量，而不是看你這一周加了多少班。

效果永遠是第一位的，花費的時間則不重要。所以，在上司對員工的評價邏輯中，加班並不是一種加分項；相反當你在正常上班時間內完不成規定的任務時，加班還是減分項。

加班不是目的，出成績才是目的

對於加班我們可以這樣來形容：人們坐在辦公室通宵達旦地加班時，究竟是否記得自己為甚麼這麼做？當你深夜十一點仍然忙於工作並自我感動時，有沒有計算過自己從加班中獲得了多少成績？事實是，多數人的加班只是在彌補白天疏忽、偷懶的過失，而不是為了多幹出點成果。

加班從來都不是目的，能幹出實實在在的成績才是。所以永遠不要無效加班，要提高自己的時間利用效率。

06 表現不對等於瞎表現

我們唯一能夠控制的就是少做一點無關的事情，多在與自己有關並且重要的工作上下功夫。表現對了，工作效率才能提高，結果才能更好。

有一次我找阿明找不到，最後發現他幫兄弟部門搬產品去了。

他放着自己手裏的項目不跟，工作不做，卻去忙着幫與自己無關的人搬東西，目的是為了表現一下，讓人力資源部門的人看看自己有多勤奮，想多掙一點考核分。

我批評他：「你一個銷售部門的業務精英，上人力資源部門的同事面前表現你搬東西的體能？」

阿明還有所不滿：「你的意思是我不該在他們面前表現嗎？」

我說：「表現沒問題，但你表現不對就是瞎表現，你表現出對於銷售技能的精通，拿出公司認為很棒的銷售成果，公司一定給你獎金；如果你能表現出對於財務的專業，我也會放心地把錢交給你；如果你能表現對於公司的忠心，我會高興地培養你。上面這些是可以表現的，但你偏偏想展示體力活，你是想去貨倉上班了嗎？記住這次教訓，**要知道自己擅長幹甚麼，然後在這上面多表現，不要去你不擅長的**

領域瞎表現！」

現在不少人都是這樣的狀態——他們好像每天都有做不完的工作，時時刻刻在上司面前表現，比如經常性地加班到深夜，每次上司看到他時，他都在忙。但是細究他的工作，你會發現他的效率很差，正事沒做幾件，閒事做了一堆。這其實不是工作方法的問題，而是工作的心態不對。儘管忙忙碌碌，造成了一種他很勤奮的印象，實則沒出幾件像樣的結果。

很多人問過我應該如何提高效率，以便能做更多事情的問題。我的員工也曾向我請教：「老闆，我怎麼表現才是對的？」

我一般會這麼回覆：人的時間有限，就以時間尺度而言，一個人的效率是很難真正得到突破性提高的。精力再厲害，他也只能將一天的13個小時左右的時間潛力挖掘出來。精力有上限，效率自然也有天花板。因此，**我們唯一能夠控制的就是少做一點無關的事情，多在與自己有關並且重要的工作上下功夫。**

表現對了，工作效率才能提高，結果才能更好。

07 沒有功勞，苦勞再多也無用

要想把事情做成，我們唯一的興趣點就是結果。你要瘋狂地追求結果，致力於目標的實現，其他的任何事情都是次要的。只有結果是好的，才能回過頭去關注過程，否則過程便毫無意義。

正如上面所說，表現再多卻沒有結果，就是一種苦勞。沒有功勞的苦勞值得讚賞嗎？顯然，這樣的苦勞在公司的眼中不值一文。

公司只認功勞，管理者也只看成績。所以千萬不要覺得我是一個基層員工，只要表現得十分勤奮就可以了，反正我人又沒閒着，流血又流汗，公司不會不獎勵我吧？如果你這麼想，早晚是要失業的。

不久前公司淘汰了蜂蜜的項目，負責人阿晶不甘心：「老闆，我們可是連加了一個星期的班啊！還自掏腰包付了招待費，而且辛苦了這麼長的時間，沒功勞也有苦勞吧？我不服氣！」

我答：「那又怎樣，項目沒談下來，沒有功勞，苦勞就是白勞，知道嗎？」

阿晶：「這也太不人性化了。」

我說：「在公司裏是很正常的事情，你們覺得忙了半天沒有功勞；其實我也沒有任何回報，項目沒做成，公司的損失更大。不過如果你覺得委屈，就去給大家買一份下午茶吧，這個費用我出。」

在工作中我們不可避免地要對「結果」評價。到底是結果（功勞）重要還是過程（苦勞）重要？聽一聽巨人集團的創始人史玉柱是怎樣說的。

他在一次節目中提到了一個問題：「如果你是老闆，你有一個項目，分別由兩個團隊實施，到了年底，第一個團隊完成了任務，拿到了事先約定的高額獎金；另一個團隊沒有完成任務，但他們很拼很辛苦，全都盡了力，只是沒有完成任務，你會獎勵這個團隊嗎？」

不少人覺得應該給予獎勵以鼓舞軍心，但史玉柱卻說：「我不會給任何獎金，有功勞才是對公司有貢獻，苦勞對公司的貢獻是零。不過，我會在發年終獎的當天請他們吃飯。」

人們也常問：究竟甚麼才是執行力？在我看來，**能夠拿出結果的能力才叫作執行力**。在成功人士和精英人才的思維與行為模式中，我們從中歸納出來的最有價值的底層邏輯，就是「**時刻關注結果**」。

要想把事情做成，我們唯一的興趣點就是結果。你要瘋狂地追求結果，致力於目標的實現，其他的任何事情都是次要的。

只有結果是好的，才能回過頭去關注過程，否則過程便毫無意義。

CHAPTER 3

學習邏輯

再優秀也需要
積極努力、不斷學習

01 優秀，也要努力

有的人越來越優秀，是因為他在優秀的基礎上積極努力和不斷學習，讓自己的能力更強，水平更高，而不是他本身的天賦、家庭背景或人脈關係。

公司有一名新員工阿偉結束了試用期，被提前轉成正式員工了。阿偉在試用期展現出非常優秀的工作能力和上升潛質，是這一批的二十名試用員工中表現最好的。不過，我在把他提前轉正的同時，也拒絕了他提出的加薪和升職的要求。

阿偉說：「我也覺得我有能力提前轉成正式員工，謝謝老闆，沒有加薪升職……也是應該，我資歷太淺，尚需時日。」

我說：「你的話對了一半，前面很好，後面有問題。能從二十個人中脫穎而出，說明你是優秀的，能力過硬，符合公司的錄用要求。但是加薪升職和資歷沒甚麼關係，現在不滿足你這個要求，是希望你繼續努力，百尺竿頭更進一步，不要驕傲；等真的幹出成績了，公司自然給你對等的回報。」

這個世界優秀的人到處都是，有天賦者亦不乏人，優秀和天賦並不是稀有品質。但為甚麼一些起初很優秀也有天賦的人卻最終未能有所成就，而是閃光一段時間後便突然默默無聞了呢？就是因為他們滿足於自己的天賦和起點，放鬆了對自己的要求。

記住這句話——優秀的人如果不夠努力，必然競爭不過天賦一般卻十分勤奮的人。

我們知道朱克伯格很優秀，是軟件天才，在大學時便創辦了臉書。但你知道他平時的狀態嗎？在別的同學去參加聚會、盡情娛樂時，朱克伯格一個人躲在宿舍策劃他的網站頁面，琢磨怎樣才能讓自己的交友網站容納更大的訪問量。一行簡單的代碼他也要認真和反復地研究好幾遍，有時到凌晨四五點。他從未放棄過學習，才保證了自己能使臉書從創立起便風靡美國並成為全球最大的社交平台之一。

比爾．蓋茨在大學時也曾將自己關在一個房間苦學七個小時，勤奮是他取得卓越成就的強大推動力。

所以，**有的人越來越優秀，是因為他在優秀的基礎上積極努力和不斷學習，讓自己的能力更強，水平更高，而不是他本身的天賦、家庭背景或人脈關係。**在天分的基礎上比普通人更努力，便迅速拉開了差距。這樣一來，就形成了一個正循環，為自己贏得了廣闊的發展空間。

02 你還在表演努力？

真正的努力不是比誰把自己虐得更慘，也不是比誰花得時間更多；而是做對事，做好事，用有效的行動讓每一天都看得到效果。

「表演努力」是甚麼呢？就是有的人看着特別勤奮地工作，埋頭苦幹，一分鐘也不閒着，其實碰上關鍵問題的時候，他卻解決不了。他的努力更像是一種演出，根本沒有深入工作之中以求獲得成效。

像演員一樣在「表演努力」的人，生活和工作中隨處可見。

有一天阿明很難為情地找我幫忙：「老闆，這個工作的問題我實在想不通怎樣解決，你給我一個意見，或者給我個方向好嗎？」

我說：「我可以自己做，然後交給客戶，不過這樣跟你就沒甚麼關係了。一個、兩個問題我忍了，你總是這樣，你說是你自己離職好，還是我把你開除好？」

阿明急了：「不不不！老闆你是知道的，我是一個特別好學的人，我真的一直很努力，這個大家都看在眼裏。」

我說：「是嗎？可是我不知道。公司有幾十個人，每個人都能完成自己的工作，他們都沒跟我說自己有多努力，只有你一直在表演努力，但是工作總是完不成。你今天找這個幫忙，明天找那個幫忙，你甚至還找到了我的頭上，我看這間辦公室也讓給你好了。」

阿明的臉頓時又紅又腫：「老闆我知道錯了，我回去再仔細研究研究。」

這個例子很具代表性，你和其他人一樣一天在辦公室坐8個小時，加上加班有時要12個小時；你忙得連飯都吃不上，水也顧不上喝一口，可到了交結果的時候，其他人比你快一倍，業績比你多，效率比你高。那麼你都做了些甚麼呢？

沒有成效的忙碌，是低品質的勤奮，意味着你應該提升自己的學習邏輯了。

比如像阿明這樣所謂的努力，好看不中用，其實就只是一種毫無意義的表演。

現實中不少人都有這種特點，他們為了感動自己，也是想通過這種行為説服自己，製造一種心理安慰。其實，真正的努力不是比誰把自己虐得更慘，也不是比誰花得時間更多，而是做對事，做好事，用有效的行動讓每一天都看得到效果。

03 機會需要爭取，也需要儲備

真正阻礙一個人成功的，不是機會來了他沒抓住，也不是交代給他的工作他因能力有限而沒有做好，更多的是他內心的懶惰以及安於現狀的思維方式。

「機會」到底是甚麼呢？有人覺得，機會是老闆給予的職位，是創業者突然遇到的市場趨勢，是自己的項目有幸拿到的一筆巨額融資；還有人認為，機會是自己努力付出爭取來的一飛沖天的好時機。但不管甚麼觀點，人們都覺得機會就是可以「立刻變現」的東西。這是十分功利的看法。

公司最近有兩個去深造學習的名額，我建議阿明申請。

阿明一臉不自信：「老闆，大家都說名額已經定好了，一個是秘書阿悠，一個是趙經理。從評核成績看，確實也只有他們合適，我的成績不如他們。」

我說：「你填寫申請書，是表明一個願意學習的態度，我一高興加一個名額也有可能，就算這次不能加上，讓我知道你有積極進步的願望，總不是甚麼壞事吧？下次我也會想着你的。」

有阿明這種想法的人很多，他覺得反正我是陪太子讀書，幹嗎還讓我參與競爭？索性我知趣不湊這個熱鬧。或許正是這樣的想法，阻礙了我們在工作中成為更好的自己。在你看來，如果公司提供的機會就那麼點，比自己優秀的人在前面排隊，可能心裏已經打了退堂鼓，連競爭都沒敢。還有人覺得，這只是去學習而已，又不是升職加薪，也不是讓自己負責大項目，算得上是好機會嗎？

那麼認真想一想，這些問題是你拒絕學習和提升的真正的理由嗎？對於一個人的職業生涯來說，這些理由真的能成立嗎？我可以很肯定地告訴你，這些都不是真正的理由。

真正阻礙一個人成功的，不是機會來了他沒抓住，也不是交代給他的工作他因能力有限而沒有做好，更多的是他內心的懶惰以及安於現狀的思維方式。當這種思維方式表現出來並左右自己的行為時，從源頭便決定了一個不如意的結果，將來機會來了他也抓不住。

第一，我們一生中遇到的大部分機會並不能立刻出現，但卻是一種極為重要的儲備，並在關鍵時刻爆發。這樣的好機會你不去爭取，未來就沒有能力競爭可以變現的機遇。

第二，人必須逼自己一把，給自己一個與強者競爭、向更優勝者挑戰的機會。有調查顯示，凡是為自己設置更高目標的人，他們就算實現不了這一目標，也往往比那些目標較低的人取得的成就更大，因為在挑戰的過程中他們能夠獲得非常好的儲備，幫助他們最大限度地挖掘自身的潛能，發揮最高的水平。

上進的勇氣比現有的水平重要，即使挑戰失敗，你的表現公司也看在眼裏。

04 人前顯貴，背後受罪

不會空降橫財，想要出人頭地，獲得成功並且讓別人高看你一眼，那麼就要通過無數的汗水為自己鋪就一條上升之路。

有一天田秘書向我請教問題：「老闆，我發現有的人經常遲到早退，為甚麼你作為老闆都視而不見呢？他們的業績確實好，可不能因為業績好就不遵守公司紀律吧！」

我說：「你這是典型的只看到了賊吃肉，沒看見賊挨打！你看到他們遲到早退，還有不來上班的時候，其實他們都是在外面見客戶、談生意。」

田秘書十分驚訝：「這是真的嗎？為甚麼我不知道呢？」

我放下工作跟她說：「沒有哪個人的業績是從天卜掉下來的，都是實實在在幹出來的。你的注意力都在他們怎麼遲到早退上，是不是心裏很羨慕，所以來告狀？你應該仔細地關注一下他們一單單簽下來的合同，研究一下他們是如何高效率地利用時間做到這一點的。」

這個例子很有代表性。

現實中有的人看上去並未做多大的努力，便在學習和工作中取得了很不錯的成績；比如一位從不熬夜學習的同學，一名從不加班的同事，成績和業績卻出奇的好。你對此感到納悶：這是怎麼回事，他們一定是有貴人相助，或者受到了老闆的偏袒吧？不客氣地說，**之所以有這種懷疑，是因為你並未看到他們在背後所做出的種種艱苦的努力。**

就像有首歌唱的：「沒有哪個人能隨隨便便成功。」

當你早晨還在睡懶覺時，你的同學已經悄悄去操場某個安靜的地方複習功課去了。當你在辦公室百無聊賴地玩着遊戲，又要混過這一天時，你眼中遲到早退的同事此時可能正在這座城市的某一個地方跟客戶一遍遍地磋商合作的細節，甚至連午飯都沒來得及吃。

要想人前顯貴，必得背後受罪。

不會空降橫財，想要出人頭地，獲得成功並且讓別人高看你一眼，那麼就要通過無數的汗水為自己鋪就一條上升之路。

你在人前有多風光，取決於你在人後有多辛苦。即使你有過人的天賦，也要具備這樣的決心和意志力，要在背後多努力，才能成為一名受人欽佩的高手。

05 學習比面子更重要

我們不僅要向公司的同事學習，也要抓住一切機會向客戶學習，從實戰中積累經驗，增強自己的能力，而不是死抱着面子不放。

阿明忙活好幾天了，公司安排的客戶的產品計劃書還沒寫完。

我問他進度，他好像還挺有理：「老闆，產品推廣這一塊我不太熟啊！沒甚麼頭緒，自然就會慢一點了。」

我緊皺眉頭：「小玉對這方面熟悉，你可以問問她。有她幫忙，我想你的速度能快一點。」

「不好吧！」阿明搖頭，「這個小玉一進公司就跟着我，算是我徒弟，我去問她怎麼寫計劃書？那多沒面子啊！」他恥於下問。

我也搖搖頭：「既然如此，我體諒你一次，我記得隔壁部門的阿悠這方面也比較擅長，你去問她，她肯定樂意幫忙。」

阿明還是不情願：「老闆，阿悠是個新人，我去問她，這不更沒面子嗎？」沒想到他還要資歷，倚老賣老。

我只能生氣，把臉一拉：「向他們學習，只要能把工作做好，都不會讓你沒面子，也沒人嘲笑你；因為工作中就是要互相幫忙，今天他幫你，明天你幫他，誰也不是全能戰士，大家都懂這個道理。只有當你交不出計劃書要受公司懲罰的時候，那才是真正的沒面子。現在你只有兩個選擇：第一，去向他們中的任何一個人請教；第二，等計劃書寫不好的時候我狠狠地懲罰你，讓你知道甚麼叫不學習的代價！」

向比自己資歷淺的人學習就很丟面子嗎？我相信不少人是這麼認為的。

老員工在公司待得時間長了，雖然有資歷，有威望，也有一定的經驗，但和優秀的新人相比，也未必就能事事做好。許多新人比老員工鋭意進取，掌握的最新的工作技能也更多，這是老員工需要學習的，也是要勇於向他們請教的。

其實，我們不僅要向公司的同事學習，也要抓住一切機會向客戶學習，從實戰中積累經驗，增強自己的能力，而不是死抱着面子不放。當你有一天把「學習比面子更重要」這句話作為自己的工作原則時，你才能在競爭中立於不敗之地。

06 學歷代表過去，只有學習力才能代表將來

一份光鮮的學歷只是說明你的過去有比較高的起跑線，卻根本代表不了你的未來。學習力則是人在社會的競爭力的綜合體現。

學習力首先不是學歷體現的能力，而是對未知的知識主動汲取和積極上進的能力。總有人在工作中戴着有色眼鏡看人，比如用學歷的高低評價別人的能力，也以自己的高學歷為榮。自己在外國進修過，就目空一切覺得凌駕於本地大學出來的同事之上。可事實上，一份光鮮的學歷只是說明你的過去有比較高的起跑線，卻根本代表不了你的未來。

秘書阿穎對一件事感到不解：新來的阿輝學歷那麼高，我卻不讓他把黃主管的項目接過來。

我問阿穎：「學歷高就能把這個項目做好？」

阿穎強調：「他可是名校畢業的，是我們公司中學歷最高的人了。」

我又問：「名校畢業的談客戶就能成功？出去辦業務人們就給面子？」

阿穎說：「聽說他在學校裏時便是學霸，肯定有能力啊！」

我接着問：「公司的業務培訓，哪一次他參加了？公司的技能考核，哪一次他拿第一了？」

阿穎還要繼續張口：「他會好多……」

我馬上打斷她：「你可能不明白他的條件這麼好，我為甚麼不選他是吧？高學歷、畢業於名牌大學等只能說明他的過去是出色的，而我看重的是現在和將來。他來公司兩年了，不參加任何培訓，有新業務了也不學習，他的學習力是很差的。」

具體解釋起來，**學習力包括三個方面**：

第一，學習的動力。學習力是自己有強烈地想進步的動機，這是提升工作能力最大的前提。

第二，學習的毅力。堅持就是勝利，你能堅持學習多久？這才是個問題。許多人小有所成便自滿自得，稍遇挫折便中途放棄，這都是缺乏毅力的表現。

第三，學習的能力。願意學，堅持學，這還不夠，你還要會學，掌握高效學習的方法，才能在相同的時間內取得比別人更大的進步。現在有個流行詞叫「高品質勤奮」，講的就是勤奮的效率。不是說你付出了時間和汗水便能有回報，而是要提高效能，用最少的時間創造最大的成果。

學習力是一個人、一個公司在競爭中強壯自己、超越他人的核心能力，也是人在社會的競爭力的綜合體現。優秀的學習力能比較有效地把知識資源轉化為自己的知識資本，進而在實踐中驗證知識，收穫實戰經驗。

07 你拒絕學習，但你的對手不會

在過去能讓你成功的經驗如果今天不通過學習加以改進，現在和未來很可能便會成為你失敗的原因。

公司有了新的培訓計劃，我安排阿靜去。

這次培訓與新媒體有關，我希望員工能了解和學會使用新媒體工具，這對將來的工作會有很大的幫助。但是這在阿靜眼裏卻不是一個好消息，因為他的部門正跟阿輝爭業績，在他看來當前的業績可比學習重要。

似乎也應該能理解。在現實中，絕不止他一個人這樣想，恐怕多數人都會這樣選，覺得這才是務實。

我說：「培訓就三天，不耽誤你回來跟阿輝在業績上廝殺。」

阿靜卻說：「老闆，我們公司的培訓每個月都有，三天的時間我不如多找點客戶了，要知道我們部門的季度業績現在還差上百萬才能完成基本目標呢！」

我說：「公司接下來還有好幾個項目都和新媒體有關，你拒絕學習，可你的對手卻不會，我看了下培訓名單，裏面可是有阿輝的。他去學，你不學，即使這個季度的業績你趕上了他，下個季度可就不一定了，而且我敢肯定，將來你和他的差距會越來越大。因為未來的新媒體項目你肯定不如他懂，到時有你哭的！」

阿明的態度馬上變了：「老闆你不用說了，我馬上去！」

在各行各業，拒絕學習的反面案例比比皆是。

過去的經驗對我們來說既是資產，也是負債；未來的學習對我們來說既是投入，同時也是無比寶貴的資產。**在過去能讓你成功的經驗如果今天不通過學習加以改進，現在和未來很可能便會成為你失敗的原因。**

對手是不等人的，你必須時刻不停地學習，才能跟上強大對手的步伐。

08 沒有最好只有更好

有的人覺得自己已完全度過了考核期，便開始安於現狀，只完成規定的基本工作。這便是退步的開始，不僅在工作上如此，處理人際關係時也會慢慢地隨意敷衍起來。

公司上一個月的考核結果出來並且公示了，不出半小時，阿明便心急火燎地找了過來：「老闆，上個月的優秀員工沒有我啊！這是為甚麼？」

我說：「你自己想想是甚麼原因。」

阿明絞盡腦汁也想不出來：「我不知道，我平時工作挺認真的，你每次交給我的任務都能按時完成，業績不錯，考勤也不錯，我自認為在上個月是可以奪得頭名的，沒人比我更棒了。」

我說：「如果你覺得做好公司交給你的基本工作就 OK 了，那麼你工資的增長還有職位的提升肯定會比那些不只完成本職工作的人要慢，原因不是你不夠好，而是在於你沒有超出我的期望值，想要脫穎而出，只拿 100 分是不夠的。對於一個對自己有極高要求的人來說，100 分是個恥辱，明白嗎？你要爭取 120 分，才能跟公司的尖子勉強打成平手。」

滿足於預期，其實是退步的開始

大部分人在剛從事一項工作時都會努力地工作，上班不遲到，培訓認真參加，對公司交給的任務兢兢業業地完成，從工作中積累經驗，使自己的工作技能越來越熟練，經驗也越來越豐富，以達到公司的考核要求。想想看，有哪些人不是這樣走過來的呢？

但是當他們能夠應付日常性的工作之後，成了公司的老員工，情況就突然發生了變化——**有的人覺得自己已完全度過了考核期，便開始安於現狀，只完成規定的基本工作。**

比如，秘書給上司起草文件，起初很認真，後來覺得只要文字通順沒有錯字就行；銷售員為顧客服務，起初拼命想多賣出幾件商品，後來覺得只要完成每月規定的任務就行。一旦對自己的工作開始隨便，人的惰性就會膨脹，滿足於一個預期的剛好及格定位，對更好、更強不感興趣，對多餘的工作敷衍塞責。

這便是退步的開始，不僅在工作上如此，處理人際關係時也會慢慢地隨意敷衍起來。

只要給自己設限，你一定會變成自己最討厭的樣子，而且還無比適應。你不再有野心，不再有夢想，也不再有強烈的上進的慾望。

不要自我設限，要讓明天比今天更好

我們之所以在加入社會競爭和參加工作上走向一條與當初的夢想相反的道路，變得缺乏上進心，安於現狀，大多數不是因為社會和其他人的原因，是自己的「自我設限」造成的。由於自我設限，我們會對自己的要求下降，不再想過問工作以外的事情，不想再解決那些看起來與當下的工作無關的問題。

這時我們多數人的想法是這樣的：

1. 既定目標完成了，我要好好休息，其他事與我無關；
2. 幹得再多老闆也看不見，為何多此一舉呢；
3. 我已經很努力了，我對自己很滿意，要對自己好一點；
4. 錢是賺不完的，但時間是自己的，享受生活吧！

你看，這些全是聽起來冠冕堂皇極有欺騙性的理由，可這麼做造成的結果總是安於現狀，得過且過，只要工作中不出甚麼大的紕漏便心滿意足。久而久之，他們即使很優秀也漸漸地能力退化，成了平庸員工中的一員。他們不再主動努力，起初那種奮鬥的激情也消失了。

CHAPTER 4

團隊邏輯

大家好，你才會真的好

01 幫忙也是一種學習

幫同事的忙，其實就是自主學習的一種形式，它在工作中是一種新型的學習方式。在協助他的同時了解自己不熟悉的領域，提高自己的見識。

「大家好，你才會真的好。」這句話的核心講的便是人在工作中要有團隊精神。

在團隊的底層邏輯中，互相協作、彼此支援是將工作做好的堅固基礎。不具備這種精神，你在一支團隊中便很難立足，也很難實現自己的目標。縱觀那些優秀的大公司，他們招聘和培訓時對人才的要求除了能力，就是要有團隊精神。要知道，懂得熱愛同事，幫助同事，才能最終幫到自己，幫到公司。

公司趙經理的團隊要去貨倉幹一些苦力，我安排阿明再加上兩個他自己部門的同事過去幫忙。如果有必要，阿明也可以將阿偉帶過去，總之多幾個人幫忙，趙經理能節省很多時間，早點完成這個任務。

沒想到阿明有意見，不高興地說：「趙經理部門的事，我幫甚麼忙啊？將來他們拿了獎金又不分我一份；再說了，我和阿偉等人也有自己的工作，實在抽不出時間。」

我說：「你們手裏有多少工作我不清楚嗎？貨倉裏雖然表面上是粗活累活，但是有很多細節還是隱藏着很多學問的，你能去看看公司的一些項目在貨倉是甚麼流程，趙經理在這方面很有經驗，所以我才讓你去，主要是讓你學習學習！」

幫忙，是一種合作式的學習

幫同事的忙，其實就是自主學習的一種形式，它在工作中是一種新型的學習方式。同事的工作遇到了問題，即使沒有主動開口，你也要看看有沒有可以伸手相助的地方。特別是你們各自負責的環節彼此影響時，更要有這種主動幫忙的精神，**在協助他的同時了解自己不熟悉的領域，提高自己的見識**。這對你的未來是大有好處的。幫這個忙不僅不會讓你受損，反而對你大有裨益。

利人利己，才能共同進步

有的人很自私，在工作中從不幫助別人，對同事的困難冷眼旁觀，乃至看笑話，於是別人也不幫他，遇到問題時便兩敗俱傷。有的人獨善其身，只管做好自己的事，也從不幫助別人。還有的人是損人利己，不僅不幫助同事，還喜歡背後捅刀子，這更是我們要堅決避免的。只有採取利人利己的雙贏模式，才能促使我們在工作中不斷地尋求雙方和多方都獲利的狀態。

有一句名言是這麼說的：**真正優秀的人將團隊看作是合作的舞台，而不是非此即彼的競技場。**

02 公司好，才是真的好

公司裏的每個人都應將自己視為機器上的一個零件，彼此協作，敬敬業業地做好自己的環節；從公司利益的角度看，讓公司越來越好，才是團隊精神的最終目的。

趙經理一直是公司的標杆和榜樣，但他的部門這兩個月的業績有所下滑，不少別的團隊和部門超過了他，他對此好像也不着急，仍然按部就班。

起初我曾懷疑是趙經理有跳槽的想法，畢竟他的能力在行業內聲名遠揚，不少競爭對手都想高薪把他挖過去，而且也一直有大公司與他聯繫。不過，初步了解之後我發現，是他這幾個月分出了不少精力幫助兄弟部門，才導致自己部門的業績下降。

趙經理說：「上個月超過我業績的團隊是蘇經理的項目開發組，是因為我三個月前把本該是我的兩個項目讓給了他，並且在後期跟進的時候讓我的團隊和資源積極地配合他。」

「為甚麼這樣做？」我問他，「這很明顯會損害你的業績，不害怕蘇經理超過你嗎？要知道我們公司的考核是業績導向的，業績不僅影響升職，也影響薪資的調整。你的部門業績下滑，下面的員工也會產生去跟其他經理的想法。」

趙經理有自己的邏輯，他說：「蘇經理也是公司的一分子，他是非常優秀的項目帶頭人，那幾個月他正好缺項目，而我的部門則並不需要那兩個項目；另外我覺得只要公司的整體業績上升，每個部門的人得到了鍛煉，這才是最重要的，我個人的業績得失沒甚麼。實際上大家互相幫助，只要蘇經理在其他項目上適當地助我一臂之力，我的業績還會上去的。」

沒有公司，你甚麼都不是。在趙經理看來，沒有團隊，個人一定獨木難支。

從工作配合的角度看，公司裏的每個人都應將自己視為機器上的一個零件，彼此協作，敬敬業業地做好自己的環節，為同事提供優質的服務；從公司利益的角度看，讓公司越來越好，才是團隊精神的最終目的。

一定要始終將公司利益放在第一位。公司好，才是真的好。公司賺了錢，我們個人也能從中真正地受益。

就像趙經理，他對待工作的原則是公司利益大於部門利益，分配項目時應該優先站在公司的角度考慮，選擇最優的做法。如果光吃獨食，損害到了公司和其他部門的收入，即使自己業績再好，前景也令人擔憂。

03 獎金請客，有必要嗎？

團隊裏沒有個人英雄，任何人的成績都是大家共同協作的結果。所以，任何人拿到的獎金其實也都有一部分是同事幫你創造的。

有一次公司發了獎金，我問金秘書怎樣運用這筆錢。

金秘書答：「肯定是存起來啊！等着儲夠了給自己換輛車。」

我說：「不考慮拿一點點出來請你的同事吃頓飯，或者送點小禮物嗎？」

一聽讓他花錢，金秘書立刻警惕起來：「為甚麼？這可是我的個人獎金。」

我說：「你可別多想，我不是對你的錢有想法，是想提個建議。你想想看，平時的工作中你需要同事配合才能提高效率，有的工作也需要特定的部門、同事支援，現在你得了獎金，拿一點點出來買些不貴的東西送給他們，是不是更有利於開展以後的工作呢？這樣你將來拿的獎金是不是會更多？一個團隊乃至一家公司，團結和睦的氛圍是非常重要的。」

聽到這裏，金秘書表示認同，又問：「那我得拿出多少請客送東西？」

我說：「也不用太多，比如你這次發了五千獎金，你花個幾十元買點水果、零食給大家分享，小小意思就可以了。要你掏幾百元出來我還不樂意呢，畢竟這是你自己的血汗錢。」

用自己工作換來的獎金請客，許多人都有這個疑問：有必要嗎？這是他們個人辛苦工作賺到的錢，是公司對他個人的肯定和獎金，為甚麼要讓同事跟着沾光？

這個想法雖然無可厚非，但如何能適當大方一些對自己開展工作會更有利。原因很簡單：

第一，感謝同事的幫助。在一個團隊中不存在完全靠自己就能做好的事情，你總需要旁人的幫助。換句話說，團隊裏沒有個人英雄，任何人的成績都是大家共同協作的結果。所以，任何人拿到的獎金其實也都有一部分是同事幫你創造的。

第二，加深工作的友誼。養成獎金請客的習慣，有助於加強同事之間的聯繫，加深互相的了解，進而也提高工作上的默契。當未來的工作再次需要同事的幫助時，就減少了很多溝通上的麻煩，同事也樂意伸手相援。這對自己在團隊的地位和人緣很有好處。

04 強調利益比人情更有用

不論是上下級還是同級，你要強調利益的一致，而不是人情的遠近，才能讓你走得更遠。好的私人關係不意味着能搞好工作的配合，利益比人情更利於合作。

公司的新項目簽了合同準備啟動，負責具體執行的阿悠過來請示。

阿悠：「方案我擬定好了，我想請兄弟部門的阿胡和我一起做，他很有經驗。」

我說：「那很好，你跟他商量了嗎？」

阿悠自信地說：「我和他關係向來不錯，他一定答應的，我保證沒問題！」

錯，這恰恰是問題！馮侖說過一句話：「任何面子的後面都是人情，但人情的後面是權力和利益的運行規則。」這是搞好合作的基礎。

我們在工作中交下的人情，是基於利益的到位；反之，是由於利益的衝突。不論是上下級還是同級，你要強調利益的一致，而不是人情的遠近，才能讓你走得更遠。

任何形式的合作，都源於三種驅動力

好的私人關係不意味着能搞好工作的配合，他強調利益比人情更利於合作。仔細探究，你會發現工作中的人情也很簡單，符合他的利益，你就是好朋友；違背他的利益，那你就是討厭鬼。不信？看看我們身邊的職場關係，恐怕無一例外。

人和人達成合作有三種驅動力：

第一，利益驅動：當人們有某種需要，你能滿足他們，便可以深入合作。這是利益型團隊。

第二，信任驅動：通過一系列的方式獲得對方的深度信任，也利於合作。這是信任型團隊。

第三，價值驅動：我們和對方工作價值和情感價值的追求一致，有利於鞏固長遠合作。這是價值型團隊。

在這三種驅動力中，利益驅動是後兩者的基礎。信任驅動和價值驅動也來源於人們之間利益的交集——不同的需求的交匯處所產生的力量，就是合作最強大的驅動力。

現實中很多人本末倒置，先談信任，再談利益，先論關係，再分蛋糕，這麼做的結果往往都是不歡而散，會有許多意想不到的利益衝突，在關鍵的時刻跳出來破壞合作。當利益驅動力消失時，再堅固的人情也會變得一文不值了。

05 同事搶單？可以！

利用內部競爭機制，可以培養我們不甘落後、力爭上游的心理，強迫自己走出安全區、舒適區，積極參與公司的各種業務，抓住一切機會，開發潛能，強化自己的能力。

我正在專心看文件，劉經理火冒三丈地進到辦公室。

他是來告狀：「老闆，我有話直說，大家都是同事，胡經理把我簽下來的那個新項目橫刀奪走，你竟然也同意，我和下屬投入了那麼大的精力才談下來的，這讓我很委屈啊！」

我說：「劉經理，你的心情我理解，那個項目胡經理有些特殊資源，他能幹得更順利些，能節省不少成本，就是變相給公司提高了毛利。所以為了公司的利益考慮，胡經理的搶單我是同意的。這樣，等項目賺了錢，公司也給你一些獎勵，好不好？」

劉經理思考了一下，覺得有道理，便沒話說了。因為這是公司內部正常的競爭，是站在公司利益的角度所採取的行為。同時對劉經理來說，此事也有值得他學習的地方。他今後要想保住這樣的項目，就必須讓自己像胡經理那樣也積累到足夠的資源。團隊利益是第一位的，誰更優秀，團隊的資源便傾向於支持誰。

鼓勵「搶單式」的競爭對團隊是有積極影響的，主要表現為：

第一，內部競爭實現了團隊成員的自我價值。強者上，庸者下。優勝劣汰的競爭文化可以促使員工更加關心內部機遇，積極對待公司交給自己的任務，否則就可能被比自己表現更好的同事搶走機會。

第二，內部競爭促進了團隊的交流。競爭也是團結的催化劑，因為它可以增加員工、部門間的意見交流，增進彼此的了解、配合，使人們更容易形成觀點的統一，保持方向的一致性。通過競爭，團隊成員的互相學習也隨之增加了，在這個過程中可以彼此了解對方的想法。

第三，內部競爭是團隊創新的動力。通過內部的競爭，暴露團隊經營中的弱點，引起管理者與決策者的重視，從而使團隊自主、積極地進行改革，打破僵化的舊制，追求創新，增加團隊的創新力和活力。

第四，內部競爭是團隊糾錯的機制。有內部競爭的存在，人們在與同事競爭的過程中便可以時刻警醒自己不要犯錯，客觀上減少了團隊的犯錯率。

內部競爭必須建立在規則允許的範圍內，公平、公正地競爭，不能採取不合規、不合理甚至不合法的手段。

競爭是好事，但不擇手段的競爭也會毀掉團隊。**只有正大光明地「搶單」，在規則的指導下光明正大地公開競爭，才能真正提高自己的能力。**利用內部競爭機制，可以培養我們不甘落後、力爭上游的心理，強迫自己走出舒適區，抓住一切機會開發潛能，強化自己的能力。

CHAPTER 5

態度邏輯

態度是做好一切事情的基礎

01「謙虛謹慎」態度的重要性

工作中我們的頭腦一定要清醒，不能被自己過去的成功蒙蔽了雙眼，麻醉了理性的思考。謙虛謹慎做起來一點不難，無非就是靜下心來，腳踏實地。

做人做事要謙虛謹慎，這不僅體現在行動上，還表現在言辭上。

比如有一次，阿明將一份報告交給我，然後說：「老闆，明天和客戶談判的事項，這是清單，你看一下，我全都準備好了。」他說得很自信，聽起來讓人想誇他幾句，可問題恰恰出在這裏。

我提醒他說：「你真的全都準備好了嗎？我要是找出問題來怎麼辦？」

阿明沒話說了：「非要找，怎麼都能找到問題吧……雞蛋裏挑骨頭，也總能找出點來的。」

我說：「那麼你的問題在哪兒呢？在於你彙報的方法。你要說，**老闆，我都準備了甚麼甚麼，你看還有甚麼需要？而不是直接告訴我你全都弄好了，萬一有疏漏，你連迴旋的餘地都沒有。**對我這樣也就罷了，如果是客戶那邊呢？他會讓你簡單地蒙混過關嗎？」

阿明低下頭：「我明白了，就算有點形式化，也是必要的，因為這體現了一種謹慎的態度。」

我說：「不只是謹慎，還有謙虛。你這樣說，是在給對方一個檢查的時間，是對自己能力的謙卑，也是在尊重別人的權利和意見。」

平時的生活和工作中這種人很常見，他們不管做甚麼、說甚麼，都喜歡拍着心口保證，或者脫口就誇下海口「肯定沒事」、「絕對可以」、「絕無問題」，不給自己留任何退路，但愈是這種態度，就愈容易造成不理想的結果。保持良好的精神狀態與積極向上的姿態當然是做好工作的前提，人一定要自信，也要能幹。

不過即使是自己最擅長的工作，在與人合作交流時也不能像上面那樣表現得過於自信，必須給事情留有餘地，體現出一種謙虛和謹慎的態度。

這說明，工作中我們的頭腦一定要清醒，不能被自己過去的成功蒙蔽了雙眼，麻醉了理性的思考。謙虛謹慎做起來一點不難，無非就是靜下心來，腳踏實地，也就是有一說一，力求把事情做踏實，把問題搞清楚，而不是盲目地自信乃至自大。

02 只要思想積極，辦法總比困難多

那些面對問題能「知難而上」和積極尋找解決方案的人，才能將問題轉變為機會，成長為負責而且高效的超一流工作者。

阿悠正在休息，我去找他，讓他負責一個項目。

阿悠痛快地答應，說：「OK，我帶上我的副手，還有阿卓、阿明兩個熟手，一個設計、外加兩個勞力，有這些人，我保證馬到成功！」這是他的鐵人小分隊，配合默契，因此充滿了自信。

但是我搖搖頭：「恐怕不行，這些人有新任務，我只能把新來的兩個實習生派給你，你帶着他倆去。」

阿悠沉思了幾秒，沒有拒絕，而是開始問問題：「兩個實習生會設計嗎？」

「好像不會。」

「他們懂商務嗎？」

「肯定不懂。」

「他們有力氣嗎？」

「乾瘦乾瘦的。」

「哦！他們抗揍麼？」

我笑了：「別怕，我只問一句，能完成任務嗎？不能就換別人上。」

阿悠想了想，說：「那我就提一個條件，只要你答應，我就保證完成任務！」

我說：「說！能辦的我一定答應你。」

阿悠說：「在我出發之前，你給客戶打個電話，跟他說我們公司確實業務很繁忙，派不出多少人，希望他的團隊屆時能積極配合我，提供應有的支持，只要他口頭上答應，我就能應付過來！」

我說：「成交！」

當工作中遇到這些問題和困難時，阿悠能**主動地去尋找方法解決，而不是找藉口迴避**，並且，他確實找到了方法，成功地解決了這個難題。這就是我們常說的那句話：「只要思想不滑坡，辦法總比困難多。」

工作中態度永遠大於天——**沒能力可以學，沒辦法可以想，但沒態度的話一切都完了**。

有良好的態度，有積極想做好的願望，就能在職場成功地發展，取得公司與同事的認可。那些面對問題能「知難而上」和積極尋找解決方案的人，才能將問題轉變為機會，成長為負責而且高效的超一流工作者。

03 凡事多觀察沒有錯

對於臨時出現的問題，更要做好記錄，針對性分析，從中尋找機會。很多辦法都是通過這種努力的觀察和思考才得出來的，並非一開始就能找到成熟的思路。

阿晶憂心忡忡地彙報工作，說她遇到了一個困難。

阿晶：「老闆，于生公司的項目我恐怕搞不定了。因為都一個禮拜了，我連總經理于生的面都見不到，他人在北京，可他的那個秘書不給我約時間，老是推托，今天開會，明天見客戶，總之花樣百出。」

我說：「對他的秘書啊，還是有辦法的。這樣，你發一條朋友圈，內容是你可以拿到一些大型整形機構的折扣，具體的你編輯一下，只讓于生的秘書一個人看到就行了。因為于生的秘書我見過兩次，發現她的雙眼皮是割的，很假；鼻子好像沒做好，有點歪；她自己肯定也知道，你要是主動給她介紹，會讓她沒面子，你這樣發朋友圈，她就有可能主動找你，這個折扣是公司的資源，很正規，保證能把她的臉修理好，談好了你到時候來申請就行了。」

世上的事不怕困難，就怕不認真想辦法。平時我要求員工**處理工作、接洽客戶時一定要從各種角度對人和事多觀察，多思考。**

目的就是收集諸如此類的各種信息：

1. 客戶的性格，個人愛好，脾氣等「人的信息」；

2. 工作的環境，第三方數據，市場趨勢和團隊支持等「事的信息」。

對於臨時出現的問題，更要做好記錄，針對性分析，從中尋找機會。這些信息對我們的工作大部分可能是沒用的，但總有那麼一兩條信息會在關鍵時刻起到作用，幫助我們找到解決問題的方法。

很多辦法都是通過這種努力的觀察和思考才得出來的，並非一開始就能找到成熟的思路。

04 跌倒了不要緊，及時站起來！

該吃的苦得吃，該受的罪得受，該吞下的委屈一分也少不了，重要的是不要害怕跌倒，要及時爬起來，端正態度，繼續努力，才能經得起風吹雨打，鍛煉出自己的能力。

這天，田秘書正在自己的座位上垂頭喪氣，因為工作做得不好，她被上司罵了。我一看她情緒不好，就叫她來聊天。

田秘書鬱悶地說：「老闆，就一件普通的工作，我們還都挨罵了，是不是有點小題大做啊……」

我說：「工作不積極，批評你們不是因為這個工作有多重要，而是在提醒你們要注意態度。一點小挫折就喪氣成這樣，還能做好更重要的工作嗎？跌倒了沒事，可要爬不起來！」

田秘書說：「那我們應該怎麼辦？總不至於興高采烈吧，那不是有病嗎？」

我說：「你去通知大家，今天晚上我請客，給你們打打氣，明天繼續精神飽滿地開工！如果請了客還不行，我就考慮把你再降一級，你去做個部門經理的副手吧，別在這裏當秘書了。」

我想到自己的一位朋友李先生。

李先生現在是一家公司的CEO，已經獲得了上億元的風投，事業發展得很好。但兩年前，他還處於做甚麼都不行的迷茫期，開發了許多項目都以失敗告終，不斷地到處碰壁，賠了上千萬元。如果說普通人在職場上摔的是一般的跟頭，李先生就是掉進懸崖了。按普通人的觀點，這種失敗恐怕會讓人一輩子爬不起來。但李先生不但能爬起來，還愈站愈高，愈挫愈勇，鬥志更加高昂，取得了今天的成功。

我們每個人在工作中都有自己的局限性，缺經驗、缺錢、缺人脈、缺運氣等，碰到挫折是難以避免。甚至可以說，**挫折是一個人走向成功的必經之路，無論你有多高的天賦，多好的運氣，都不可能一直順風順水。**

即使你再努力、再勤奮、再刻苦，有時也會在某一個環節上遭遇失敗。比如田秘書他們，業務沒完成好，那就應該被罵，但如果因此一蹶不振，說明完全經不起考驗，未來是沒有前途的。

該吃的苦得吃，該受的罪得受，該吞下的委屈一分也少不了，重要的是不要害怕跌倒，要及時爬起來，端正態度，繼續努力，才能經得起風吹雨打，鍛煉出自己的能力。

05 簡單的、難的都別挑

一名優秀的人才和踏實的公司員工懂得在工作中認真做好上司交代的每一項任務，無論難易，都能用最好的標準完成它。這才是我們應有的態度。

不久前，我給阿晶安排新工作，讓她把客戶黃牛的項目預算做一下，阿晶看了一眼不想幹。她覺得這個項目太小了，預算還不簡單？找個初入職的新鮮人做也可以，為何非得麻煩她這個公司老臣子呢？

我不為所動：「這個項目拍攝的模特兒和場地你也都約一下。」

她不以為意地說：「讓新人去約吧，要不我安排個人？」

我生氣了：「怎麼着，是我握不住刀了，還是你飄了，讓你幹點事這麼費勁？」

阿晶說：「我這不是積極努力地工作麼，我想做一點有難度的、有挑戰性的。」

我就等她這麼說，馬上交代：「這是你說的，想做有難度的是吧？行，張生的項目公司想提高10個利潤點，貨倉還有三千箱茶葉銷不出去，電台那邊這月的廣告檔位都滿了，得找個途徑，你想解決哪一個？」

阿晶面露難色：「這……都太難了吧？」

我說：「有一個不難，既輕鬆，別人還不一定能做到，你願意幹嗎？就是辭職，去吧。」

工作不怕太簡單，也不怕太難，就怕挑。

遍尋全世界，我們也找不到有哪一家公司是允許員工挑工作幹的，不可能順應員工的愛好去安排任務。

有句話說：「人們的愛好通常都離生產力很遙遠。」就是說，**興趣是學習的動力，但卻是工作中的雞肋**。一個盯着興趣工作的人，他就會挑三揀四，簡單的看不上，難的又不想做。**按照這種態度工作的人，無一例外都會被淘汰，他也做不好自己的本職工作**。

一名優秀的人才和踏實的公司員工懂得在工作中認真做好上司交代的每一項任務，無論難易，都能用最好的標準完成它。簡單的，按最高標準認真做好；難的，使出渾身解數解決困難達到目的。這才是我們應有的態度。

做好每一件工作，是為了創造價值。既是為公司創造利潤、效益與價值，也是給自己創造成果，積累經驗，一步步走向成功。

06 工作沒有「差不多」

沒有差不多的工作，只有差不多的心態。不努力付出，認真對待，你的工作最終會用結果來懲罰你。

我發現阿明最近很消極，就把他叫過來談心，問他是不是遇到了甚麼麻煩事影響了工作的狀態。

阿明搖頭否認，但一開口就帶着點情緒：「沒有啊，我沒有消極啊！週末你臨時抓我工作我不也幹了嗎？」

明白了，他是對加班有怨言。

我說：「哦！你是把工作做好了，可你看看你做的這些都是甚麼，能不能稍微用點心？」

阿明辯解：「老闆，週末是我的休息時間，為了公司我可是犧牲了自己時間的；所以，差不多就行了吧？」

我說：「**工作是沒有『差不多』的，只有『用心做』**。你要麼不做，要麼就得用心。週末給公司做設計，確實是額外的工作，你不想做可以拒絕我，我安排其他人。但是你如果答應了，就要認真把它做好。要不然做出的東西沒法用，浪費了你的時間也浪費了公司的資源。再說了，用心肯定有回報，知道嗎？」

見阿明仍然一臉不服氣，我下了最後通牒：「自己調整好心態，端正態度，公司沒有連這麼基本的常識都要反復教你的義務。下次再發生類似的情況被我發現，你直接去財務部結清工資走人就行了，不用再跟我辯解。」

現實中這種情況我們經常遇到，沒人願意做份外事，比如加班、做額外的任務、被強迫增加工作等。甚至做自己的分內事，也有不少人抱着一種「差不多」的態度應付，他們能做10分卻只做7分，以為公司不會發現。這種態度長期持續下去，吃虧的不僅是公司，還有他們自己。工作就要像水滴石穿一樣堅韌，要用高標準要求自己並且持之以恆。

沒有差不多的工作，只有差不多的心態。不努力付出，認真對待，你的工作最終會用結果來懲罰你。

07 但求無過就是過

僅僅追求不犯錯，撐死了也只能把事情做到五十九分，永遠沒可能做到一百分。所以想在工作中成為優勝者，就必須摒棄這種心態，努力爭先，敢擔責任，追求功勞，才能贏得最大的回報。

除了加班時態度敷衍，阿明在其他事情上也有些情緒低落，不夠認真。公司有一個項目交給他負責，三天過去了，我問他找客戶方生談過了沒有。

阿明答：「還沒，我怕談不好，反正合作的內容方總都了解，不用談也可以吧？」

我問他是否與物流溝通過。

阿明答：「沒有，我怕說不明白，反正和他們合作那麼長時間了，流程他們都知道。」

我問他廣告公司那邊是否跟新的平台接洽過。

阿明答：「新平台取消了，我怕效果不好，反正按之前的做也沒甚麼。」

我馬上拉下臉：「告訴我，這不做那不做，你有甚麼是不怕的。」

阿明弱弱地說：「老闆，我是想別出錯，你要求這麼高，一旦出錯我怕不好挽回啊！」

我說：「嗯，你沒錯，看來是我的錯，我就不該把這個項目交給你，去把阿俊叫進來。」

多少人就像阿明這樣，正被一種「不求有功，但求無過」的心態慢慢地毀掉？阿明不是不清楚這些工作中自己應該承擔的責任，但他卻放棄了自己應有的態度，轉而用「別人推一步，我走一步」的原則對待工作，心想只要不犯錯，管它幹成甚麼樣呢？恰恰是這種態度害了他。

公司未必懲罰犯錯的員工，但一定會讓那些不敢承擔責任的員工付出代價。

在接到任務的時候，人們一般會有以下兩種心態：

第一種，我不會拖後腿。不求有功，但求無過。這是職場中 80% 的人的心態，我們去寫字樓看看，每間辦公室都坐滿了這類人，所以他們只能是強者的墊腳石。

第二種，我會盡力做到最好。擁有這種心態的人不超過 20%，他們不怕犯錯，只怕沒有功勞，因此對待機遇十分珍惜，總能施展自己全部的能力，以求做出最好的結果。

無論任何問題，人們的態度都可以分為這兩類。其中大部分人採取的是第一種態度，他們不管做甚麼，都是「剛剛好」就可以，不落在最後面，但也不爭最先，每天朝九晚六地上下班，毫無驚喜地過完一生。

然而，僅僅追求不犯錯，撐死了也只能把事情做到五十九分，永遠沒可能做到一百分。所以，想在工作中成為優勝者，就必須摒棄這種心態，努力爭先，敢擔責任，追求功勞，才能贏得最大的回報。

08 不怕你大膽，就怕你不敢

生活和工作中的任何事情都是人做出來的，只有你不想辦、不敢辦的事，沒有不能辦、辦不成的事。關鍵是你要有信心，也要有敢於想像、敢於表達的品質。

與客戶的溝通會開完，阿穎跑過來拍馬屁：「老闆，開會的時候你也太誇張了吧，水上銷售、電影推廣、真人秀，你提出的方案這麼大膽，不怕客戶接受不了反而說你激進啊？」

我問：「那客戶說我了嗎？」

阿穎搖頭說：「這才是最奇怪的，客戶不僅不擔心，還增加預算讓我們放手去幹。要知道這些想法既不好操作又費錢，他們多花了錢還要冒一定風險，值得嗎？」

我說：「這就對了！比起這些新奇、大膽的嘗試，那些沒有想法，只會點頭說是的人，才會讓客戶生氣。沒人願意跟膽小鬼做生意。客戶和我們溝通，就是想聽到好的創意，所以不怕你大膽，就怕你不敢；不怕你想法嚇人，就怕你沒想法。不過，大膽的前提是有可操作性，難不成你信口開河也想讓別人給你點個讚？」

有句話說：「要成功，得發瘋。」就是說，**要敢想敢做，大膽發揮自己的創造力**。生活和工作中的任何事情都是人做出來的，只有你不想辦、不敢辦的事，沒有不能辦、辦不成的事。關鍵是你要有信心，也要有敢於想像、敢於表達的品質。

就像我經常對各部門員工說的：**想像力也是一種態度，而且這種態度還很珍貴，很值錢！**有別於死氣沉沉、隨波逐流的大多數人，豐富的想像力和勇於行動的品質可以讓人迅速地跳出平庸的隊列，成就一番自己的事業。

CHAPTER 6

能力邏輯

沒有能力，怎樣談信心

01 好獵手不怕沒肉吃

一個人的專業能力是提高他競爭力的核心，也是他信心的源泉。所以當你發現自己缺乏自信時，先想一想自己的能力達標了沒有。

提升能力，是我們在這個世界立足的根本。

一個人的信心，歸根結底是源於他的能力，而不是他的出身。在工作的底層邏輯中，能力是我們解決問題的根本，也是一條不可或缺的基礎邏輯。

工作中少了甚麼都行，就是不能少了能力。

客戶王生要和我公司合作一個項目，但這個項目需要參與的人多，任務也相對複雜，回報雖高但風險較大，不是太好操作。當他希望把該項目交給我的公司時，沒等他介紹完，我就點頭同意了。

王生吃驚地說：「我還沒說我們的條件呢……不想聽聽具體的條件細節？要知道我在找你之前已接觸過十幾家公司，他們開始都答應得很痛快，可聽完細節後無一例外都拒絕合作。」

我說：「這個可以稍後再談。我的兵，我做主，能不能幹好，我心裏清楚。我不怕做不好，就怕你不給我這個機會啊。能打得了野獸，還怕沒肉吃！」

能力是甚麼？是源於對公司、對團隊、對自己做好這個項目的強大的信心。

反過來也成立，好舵手不怕風浪，好獵手也不怕虎狼。一個人的專業能力是提高他競爭力的核心，也是他信心的源泉。所以當你發現自己缺乏自信時，先想一想自己的能力達標了沒有。如果能力不達標，在今天這個競爭日趨激烈的環境中，是很難持久立足的。

02 成功有必然理由

一個人的成功自有他的理由，一個人的失意也有他的原因。能力的高低既在於專業的知識、經驗儲備，也在於他是否提前做好了準備，而不是臨時抱佛腳。

員工阿卓拿着一個文件夾找阿晶。他對手頭在做的項目沒把握，心裏沒預算，想請阿晶給看看。

他說：「這個客戶太難搞，而且案子確實特別不好做，我發現老闆又很重視這個項目，明天就要向老闆彙報了；所以我臨時向你請教，希望得到你的指點。」

阿晶對這個項目其實早有了解，大體一看便從抽屜裏拿出一份剛完成的方案交給了阿卓：「你拿去看看，僅供參考，超出我業務範圍的，我也無能為力了。」

阿卓十分驚訝：「你也做了一份？」

阿晶說：「你看得很準，老闆確實很重視這個項目，而且這個項目不好搞，我擔心你萬一做不好，也不能耽誤了公司的進度；所以就私下做了一份，萬一你不行，我好幫你跟進呀！」

這就是為甚麼阿晶來公司比阿卓晚，收入和職位都比他高的原因。

一個人的成功自有他的理由，一個人的失意也有他的原因。**能力的高低既在於專業的知識、經驗儲備，也在於他是否提前做好了準備，而不是臨時抱佛腳。**打個比方，我們高考只有三天，這三天的表現決定了萬千學子的命運，但又是甚麼決定了考生這三天的表現呢？是他過去三年的學習和準備，為他積澱出的知識水平與心理素質，這才是一個人能否闖關成功的原因。

每當我聽到有人抱怨工作不好做、錢難賺時，就會想到這個例子。最根本的原因並不是問題有多麼難解決，而是看你是否把功課做到。所以別嫉妒那些偉大的成功者，也別以為他們純靠運氣。即使有運氣的成分，也得益於他們擁有「發現運氣」的能力。

03「會」的定義

工作中評價能力的標準是非常分明的，對於自己「會」的東西，要勇敢地表現；對於自己「不會」的東西，也要毫不掩飾地承認，然後再根據工作的需要，有針對性地提升自己。

阿晶除了做項目方案十分厲害，其他地方和領域的知識也時有涉及，但就不如做方案那麼精通了，遠遠沒達到「會」的程度。

「會」這個字是不可隨便亂說的，你必須精通才行。

有一次我叫她到辦公室，問她懂不懂3D設計，她說自己就學了一個月，不算太懂；問她懂不懂影片剪輯，她說自己是從網上找的教程看着玩的，會一點點；問她懂不懂電腦編程，她說是跟合租的朋友一起學的，只不過是平時她幹活的時候就在旁邊看一看，會一點點。

我嚴肅地說：「既然這樣，你把阿俊叫進來吧，黃生的項目我讓阿俊負責，你不要再管了。我問的這幾種能力，你平時都說自己『會』，給公司造成了一個你很精通的印象，結果把黃生的項目分給了你。現在我告訴你，『會』這個字不是簡單說說的，你必須能承擔起、能搞定才行，如果只懂一點皮毛，那不叫『會』，甚至連入門都不是。」

公司招聘時對員工的基本要求就是在本職工作上達到「會」的水平，入門能力是基礎，能力愈強愈好。

我們在寫簡歷、推銷自己時，總喜歡將自己的履歷和技能寫得豐富一些，這個也懂，那個也會，天文地理無所不通，好像寫在上面的東西都十分擅長，是難得的全才，用來提高自己的身份。**但事實上，多數人的簡歷至少有60%的內容充滿了水分，是完全經不起推敲的。**就像我的招聘篩選標準一樣，我從不憑簡歷上的履歷挑人，而是會對他們進行實際的能力測試。

說得再好聽，也不如能做出一件實事。

工作中評價能力的標準是非常分明的，行就是行，不行就是不行，容不得有半分僥倖。因此，對於自己「會」的東西，要勇敢地表現；對於自己「不會」的東西，也要毫不掩飾地承認，然後再根據工作的需要，有針對性地提升自己。

04 B計劃

一個有能力的強者，他總能在關鍵時刻準備多套有效的方案，以便應對種種突發情況，使自己立於不敗之地。

阿穎怒氣沖沖來找我：「老闆，我看天氣預報說明天有雨加雪，我們明天的拍攝都是外景啊！這怎麼辦？」

我說：「簡單啊！先拍好棚內的部分不就完了。」

阿穎臉色黯淡：「可我剛打完電話，棚內都約滿了。」

我嘆口氣：「去影視園找艾先生吧，說我上周跟他定的攝影棚明天要用，讓他跟你交接相關事項。另外，下次再有類似的情況，你要給我提前拿出備用方案。工作要做好，光聽話是不行的，還要未雨綢繆，把所有問題想在前頭，否則公司怎麼可能給你升職加薪？你又怎麼能藉機鍛煉自己？」

我們要把危險想在前面，並為危險做好準備。每個項目的冬天有可能隨時到來，所以必須有備用方案。

備用方案就是B計劃，是我們在A計劃實施失敗的時候所能馬上拿出的應急方案。一個有能力的強者，他總能在關鍵時刻準備多套有效的方案，以便應對種種突發情況，使自己立於不敗之地。

沒有卓有成效和可靠的B計劃，我們就只能像賭徒一樣期盼着別出意外，否則就會束手無策。**B計劃在工作和生活中都非常重要，十分考驗人的規劃能力，更是一個人綜合能力的體現。**

05 問題就是你的機會

對公司來說，假如你不能發現問題或解決問題，你就會成為一個需要被解決的問題。強者看到問題時欣喜若狂，他們看到的是機會；弱者看到問題時垂頭喪氣，他們看到的是煩惱。

阿晶來反映情況：「老闆，客戶趙生那邊的問題也太多了，他要他的產品在三個台同時銷售，還要增加物流的數量，模特兒要20歲以下的，短片要歐美的風格，真難伺候！」

我說：「趙總要甚麼樣的，你就給他甚麼樣的，客戶的所有問題，都是你們提供服務的機會，懂了嗎？這是你們積極解決並獲得信任的好機會。」

阿晶說：「可是他提出的要求也太多了，這個項目太難了，我沒見過這麼難伺候的客戶。而且，公司技術部那邊也要我們配合，大家都在提要求，沒人提方案。」

我說：「同事的問題，是你們提供支持並建立合作的機會。這個項目可以啊，這麼多機會給你了，你可一定要抓住啊！」

時刻牢記公司請你來的目的

首先，公司請你來是解決問題，而不是製造問題。你能解決多大的問題，就可以坐多高的位子；你能解決多少問題，就能拿多少回報。要想清楚公司為甚麼給你出糧。

其次，**對公司來說，假如你不能發現問題或解決問題，你就會成為一個需要被解決的問題**。因為你已經喪失了對公司的價值。你的勞動配不上工資，公司就會解僱你。

最後，所有的公司都會讓解決問題的人高升，讓製造問題的人讓位，而且會讓抱怨問題的人離開。

職場就是這麼殘酷和不講情面，**能力才是你在這個角鬥場站住腳並有所收穫的基礎**。

強者看到問題時欣喜若狂，他們看到的是機會；弱者看到問題時垂頭喪氣，他們看到的是煩惱。

當你懂得換一個角度思考和審視問題時，一扇新的大門便為你打開了。

比如，公司的問題是你改善和贏得上司認可的機會；客戶的問題是你提供更好的服務並征服客戶的機會；同事的問題是你提供支持並建立信任的機會；上司的問題是你積極解決並證明自己的機會；競爭對手的問題是你變得更強的機會，而自己的問題則是你成長的機會。

正是因為有這麼多寶貴的問題，才讓我獲得了難得的體驗，得到了及時的鍛煉，增強了自己的能力。

06 比靠山還可靠的，是自己有價值

只有讓自己變得更有價值，可以在工作中獨當一面，公司才會重視你，靠山才會主動來找你，你就成為上司爭取和拉攏的優秀下屬了。

有一次，阿晶在辦公室跟人聊天時讓我碰巧聽見了。

她神神秘秘地說：「哎，你們聽說了沒有，阿輝是公司某高層妻子的弟弟，怪不得沒能力沒業績也沒人說他，更沒被炒的危機，看來有靠山就是不一樣啊！」

我突然現身：「跟我說說，怎麼不一樣啊？說實話！」

阿晶的聲音低得像螞蟻哼哼：「可以為所欲為……」

我冷笑一聲說：「是嗎？但是有件事你沒注意到吧，那就是阿輝在公司待了快三年了，基本薪水一分錢都沒漲，還是拿着僅比實習生高一級的薪水，每年年終的抽獎活動他連參加的資格都沒有，甚麼豪華手機、現金大獎不都落入了你們這些沒有靠山的人手裏？知道原因嗎？我現在就可以告訴你，靠山固然能提供點幫助，但拼到最後最可靠的，還是你為公司做出的貢獻，也就是你的價值！」

在很多人的眼中，現在是一個拼關係、拼背景的時代，於是處處找關係，好像沒關係就辦不成事。如果我們說關係無用、背景一點也不值錢，那肯定是不客觀的，但如果說關係決定了一切，背景就是一個人的盾牌，也站不住腳，是與現實完全不符的。在公司或其他領域的競爭中，為自己找一個好靠山很重要，也很有必要，但更重要的是你要有足夠高的價值——**你出色的能力讓每一個利益相關人都必須拉攏你才能做好他自己的事。**也就是說——**靠山僅能當你的敲門磚，價值才是你的攀雲梯。**

能夠把上司交代的公事做好，勝任自己的本職工作並展現出成長性和潛力，配得上更高的職位，這就是你的價值。

假如想要取得上司更深程度的信任，就再把他交代的私事當作正事來辦好，就有機會加深感情，讓他成為你的靠山。當你既有工作能力、上司又願意把私事委託你做的時候，就說明你既表現出了自己的工作價值，又與上司建立了一定的私人友情。

不過，現實是複雜的，並非每個人都能既有價值又能找到靠山，魚與熊掌往往不可兼得。我們每個人最應該做的是努力提升工作能力，用強大的解決問題的能力應對競爭。這是最務實的選擇。只有讓自己變得更有價值，可以在工作中獨當一面，公司才會重視你，靠山才會主動來找你，你就成為上司爭取和拉攏的優秀下屬了。

07 有能力，就要大膽表現出來

過於在意別人的看法和顧忌環境的氛圍也會讓人不自信，不敢抓住公開的機會，隨之上司對你的信心就會越來越小，成功的機會也越來越遠。只有表現出來的能力才叫價值。

我問阿卓：「客戶黃生那個項目的方案你有甚麼想法？」

阿卓馬上滔滔不絕：「老闆，我覺得渠道推廣走電台和平面比較好，產品可以搭配銷售，售後可以加入一對一服務，還有……」

「停！」我說，「這些想法都不錯，為甚麼之前我問誰願接黃生項目的時候你閉着嘴巴不說話？」

阿卓趕緊解釋：「我想着要是項目需要我，你自然會找我的，就沒在會議上開口。我這是出於謹慎，生怕壞了你的方略。」

我說：「我需要的是一個對工作有想法和方法而且敢說敢幹的人，而這些是要你來親口告訴我的，用行動證明出來的，不能等我問。如果你想在公司有所發展，消極等待與一味默默地工作都是不可取的，你要努力找機會讓我明白你的想法，知道你工作的思路和結果，這才是積極的做法，懂了嗎？」

有能力但是不說出來，等於沒能力。

而且，過於在意別人的看法和顧忌環境的氛圍也會讓人不自信，不敢抓住公開的機會，隨之上司對你的信心就會越來越小，成功的機會也越來越遠。機會就像漂亮的女孩，你不去追，就是在拱手讓人。

因此，一定要抓住機會，大膽地表現自己的能力，贏得公司的信任。因為只有表現出來的能力才叫價值。

CHAPTER 7

上司邏輯

如何與你的上司打交道？

01 跨部門表忠心？萬萬要不得！

跨部門表忠心，既是盲目刷存在感，也是向上司暴露自己不忠誠的品質，很容易落得一個兩頭不討好。

公司某部門的實習生阿南在我門外晃悠了半天，我招呼他進來，問他有甚麼事。

阿南的眼睛裏全是期待地説：「老闆，我實習期快過了，也收到了轉正通知，等正式工作後，我想到你主管的團隊來繼續學習。」

他話音剛落，我就乾脆地拒絕：「我不能要你！」

阿南不死心，繼續説：「老闆，我這個部門的趙經理做事太死板，太守規矩了，我覺得沒意思。公司傳説你是風雲人物，當年創業時經常能神奇地談下看似不可能的大合同，成了業界傳奇；而且你又風趣又幽默，不是那麼不苟言笑的樣子，我很想跟着你好好學習，希望將來有一天能成為你這樣的人。」

我放下手頭的文件，嚴肅認真地告訴他：「幸虧我好説話，還能跟你講幾句道理，否則你過試用期的通知就要被收回了。真想學習，就一板一眼地做好工作，別迷信天才，也別嚮往甚麼傳奇。趙經理是一位好經理，經驗豐富，業務能力過硬，是一位非常優秀的實幹派，你這樣的新兵跟着他才有前途。另外看在你拍我馬屁的份上，我再多教你一句，你這種跨部門來表忠心的行為是非常危險的，本質上是在找死，以後千萬不要再有！如果再發生一次，沒人能救得了你！」

和職場有關的書籍都會告訴你如何跟上司打交道，怎樣**跟上司搞好關係，在我看來最重要的一條原則，就是和你所在的部門上司站在一起，擰成一條繩。**

員工忠心，部門的管理成本就會比較低，團隊的凝聚力也強。但如果有的員工時刻想着跳到別的部門，公司的管理成本就會急劇上升。

毫不客氣地說，「身在曹營心在漢」的徐庶只適合在三國演義中受人膜拜，卻不適合拿到現實當榜樣。跨部門表忠心，既是盲目刷存在感，也是向上司暴露自己不忠誠的品質，很容易落一個兩頭不討好。

02 請假的正確方法

在請假的方式上，也應用請求的方式批准而不是讓上司聽起來就像通知，堅決避免通知式的請假，更不要妄圖既請了假還不損失工資。

阿明向來説話隨意，不把公司的大小主管當回事。有一次他又「生病」了，跑來請假卻不做好準備，就像誰都欠他幾天假似的。

我告訴他請假可以，但要從帶薪年假裏扣除，他表示不行：「我不想請有薪年假，有薪年假我要留着跟過節放假一起請，到時能多休息幾天，多爽啊！」

我苦笑：「那你請的是事假？」

阿明的腦袋晃得像棒槌：「不不不，事假得扣錢啊！」

「哦，」我説，「那麼，你想怎樣？」

阿明還未意識到危險的臨近，嬉皮笑臉地説：「老闆，我這不是求你來了麼，你能幫我想個辦法嗎？」

我大怒：「能，辦法只有一個：離職！愛做甚麼就做甚麼，也不用擔心扣錢的事。老話説自作孽不可活，既想請假還怕扣錢，年假還省着不想用，有這種好辦法麻煩你也替我想一個，我出一萬元購買！現在你就兩個選擇，一、請事假；二、寫辭職信！」

工作中難免需要請假，那麼正確的請假邏輯是甚麼？

很多人感到鬱悶的是，自己明明真的有事，卻在請假時被上司批評，根本請不下來。反倒是那些沒甚麼要緊事的人，常能順利地請下假。問題出在甚麼地方？最大的問題，是你沒考慮到上司的心理需求，很可能粗暴地採用了通知式請假的錯誤方法。

比如下面這些表達方式：

我有某某事，現在需要請假；

我有急事，麻煩你批一下；

我今天去不了，希望你理解；

……

不管事前通知還是事後補假，上述方式都屬於通知式請假，聽起來毫無商量的餘地，讓上司心理上很不痛快的同時，也給自己的工作製造了麻煩。這是最要不得的，上司都有一種權威心理，他們都希望得到員工的尊重和敬畏，而且上司做的決定要合乎公司的規定，不能對你個人搞特殊化。

錯誤的請假方式只會讓上司覺得你不把他放在眼裏，他會生氣，進而否決你的請求。即使第一次他准了假，將來再想請第二次、第三次就難了。

正確的請假方法必須遵循兩個原則：

第一，事出有因，表述清楚。確實有正當理由需要請假，並且要簡潔直接地向上司闡述清楚請假的原因，不轉彎抹角，堅決避免用虛假理由請假。

第二，合乎規定，請求批准。請假的事項和時間範圍應該符合公司的規定，不能要求特殊對待。在請假的方式上，也應用請求的方式批准而不是讓上司聽起來就像通知，堅決避免通知式的請假，更不要妄圖既請了假還不損失工資。

03 要知道老闆「最想知道甚麼」

老闆想知道的只是結果，不是過程。能簡單就不要複雜，能三言兩語就不要長篇大論，能務實就不要務虛。

我想了解一下客戶劉生的項目進行得怎麼樣了，讓負責人阿穎向我彙報。

她頓時像打開了話匣子：「老闆，這個項目我們可不容易，現在共計修改了7次方案，跟對方公司接洽了十二次，找了三家電視台，劉生兩次要求降低價格，還有我們……」

我馬上叫停：「等下，你就打算這麼向我彙報下去？我在聽故事？」

阿穎不解：「對啊！這些不都是我們正做的嗎？我想讓你知道得詳細一點。」

我教導她：「對於一個項目，老闆想知道的只是結果，不是過程。我讓你彙報，是想聽你的感受，你在做項目過程中的發現，你積累了怎樣的經驗，你下一步準備怎樣開展工作，尤其這個項目當前的完成質量，你必須三言兩語、簡明扼要地總結出來。說這些，要比你說那些流水性的東西有用得多。看在你是個新人，我才教你這些。如果過半年你是這樣，我二話不說降你的職，讓你去當文員或者後勤去。」

工作中上司想要的東西、想知道的事情是甚麼？相信這個問題是所有當下屬的人都想知道的。在公司中，員工相對於老闆而言處於一種從屬地位，只有得到老闆的賞識，職位才能提升，薪水才會增加，贏得更大的發展。因此幾乎所有的員工都難免琢磨老闆，想知道老闆「最想知道甚麼」。

彙報工作時，老闆想聽甚麼？

業績彙總時，老闆想看甚麼？

任務執行時，老闆想要甚麼？

這幾個問題都很簡單，老闆最想知道結果。要得到老闆的賞識，並且懂得如何跟上司溝通，我們就必須了解老闆的心理——他究竟是怎麼想的，到底想從下屬的工作中得到甚麼？

你要了解上司的思維邏輯是與自己大為不同的，甚至是與員工相反的。知道他在想甚麼，才能清楚如何回應他的要求，配合他的命令，提供他想要的東西。

在這個過程中有一條原則是我們要牢記的：能簡單就不要複雜，能三言兩語就不要長篇大論，能務實就不要務虛。老闆的時間是公司的稀缺資源，他很忙，沒有精力關注你「如何做」，大部分時間內，他只想知道你「做得如何」。

04 主動與被動

有責任心的人會主動跟上司溝通，提前說明問題，事先制定方案，而不是工作有問題時不主動說，等上司發現了再交代，這會讓自己在上司眼中的形象一落千丈。

我交給阿明的一個任務過去好幾天了，一點動靜沒有。任務很簡單，三天就能做完；但阿明看起來好像要用一個月才能給我回應。

我忍無可忍，把他叫到辦公室，問他方案寫完了沒有，阿明才恍然大悟：「呀！這幾天太忙了，我才開了一個頭。」

我說：「哦，那你不早說，是等着我找你興師問罪呢？」

阿明一副無奈的樣子：「不然怎麼辦啊？我這確實是沒有時間寫，客戶劉生的項目正是要勁的時候，我也不能不管。」

我說：「忙，不是壞事。但你知道這件事正確的處理方式嗎？在這個任務剛給你時，你就應該主動向我彙報，告訴我劉生的項目馬上要簽合同了，產品、財務、物流有好多事情要確認，你怕有甚麼錯漏，這幾天都要跟進這個項目，所以我要求你的這個任務的時間你保證不了，然後跟我協商一個你有把握的時間，明白？」

阿明弱弱地問：「這樣說你當時不會罵我嗎？」

我說：「會不會罵你一點不重要，但肯定比現在我主動找你要好得多。你主動告訴我問題，我頂多當時不高興，但不影響工作；現在被動告訴我問題，不管我生不生氣，工作都已受到影響。你說哪種情況對工作的傷害小呢？你要讓我知道，你不是沒上心，而是知道輕重緩急，這個可關係到我對你工作能力的評價。所以下次再遇到這種事，要不自己熬夜完成，要不就得提前跟我說。」

第一，工作中出了問題，一定要主動說。主動與上司溝通，無論對錯都不會有大問題。

第二，上司最討厭被動型員工，不問不說，一說才知道出了大問題。

在上司的眼中，員工的能力有高低，能力是可以培養的。但員工的責任心卻不容易培養，它經常源於一個人的本能和天性。**有責任心的人會主動跟上司溝通，提前說明問題，事先制定方案。**工作有問題時不主動說，而是等上司發現了再交代，不僅對工作造成了傷害，也會讓自己在上司眼中的形象一落千丈。

05 要懂得請示上司

出了事先跟你的上司彙報是一個基本原則，這麼做有很多好處：第一，是為了求取更好的解決方法；第二，是為了最大限度地保護自己。

公司貨倉的門被阿晶給撞開了，壞了一扇門。負責倉管的阿俊非常憤怒，找我告狀。

我讓阿晶說明原因，她理直氣壯地說：「老闆，昨天我發貨的時候阿俊沒帶貨倉的鎖匙，快遞車都在等着，我就給撞開了。工作要緊，我可不能耽誤發貨啊！」

我說：「好，一會自己去找財務，把門的損失給賠了。」

阿晶馬上推　責任：「啊！這可不是我的錯啊！是阿俊沒帶鑰匙，怎麼讓我賠？你不會聽了他的一面之詞吧？」

我問：「阿俊沒帶鑰匙，貨倉進不去，這個情況你當時為甚麼不向我彙報？」

阿晶說：「跟你說也沒用啊！反正最後還是要把門撞開的，為甚麼還要浪費時間呢？」

我說：「出了事先跟你的上司彙報是一個基本原則，這麼做有很多好處：第一，是為了求取更好的解決方法；第二，是為了最大限度地保護自己。就拿昨天的事來說，如果你告訴我了，我會看看有沒有其他的方法，就算最後要撞門，也是我做的決定，由我承擔責任，而不是你；第三，倉庫門口的地磚下面就有備用鑰匙，你和阿俊都不知道。說到這裏你明白了嗎？」

如果你在工作中很少主動請示彙報，從來都是上司主動詢問了才告訴他發生了甚麼，自己怎麼處理的，那麼你要麼是踏實做事型的員工，只想安安靜靜地將事情做好，不喜歡去上司那裏邀功表現；要麼就是做不出甚麼成績，覺得沒甚麼好彙報的，想等做出成績了再彙報，或者是遇到了問題，只想自己解決表現一把，不想別人干預。這兩種對工作都不好，既影響上司的決策，也影響公司對自己的評價。

從管理的角度來說，上司需要根據員工的真實工作情況調整策略，親自介入尋找一些解決方案。拿阿晶的失誤來說，阿俊忘帶鑰匙已經犯錯了，她自作主張撞門則是錯上加錯。最好的選擇是，馬上讓上司知道真相，請公司第一時間提供支持或者給予指導，避免自己做無效工作。**不管哪種情況，員工在做事時都不能瞎做，應該積極主動地與上司溝通，讓公司知道工作中的新進展，了解發生的新情況。**

你要知道，這是上司的權力，也是員工的義務。

06 不要以為老闆不知道

在上司面前別走捷徑，要走大道。你走大道沒走出好的結果，他可能不會讚賞你；但你走捷徑即使走出了好結果，他也一定會否定你。踏踏實實，是管理者最喜歡的員工品質。

有一天我看到公司的天台上擺了一張躺椅，立刻叫人搬走了。不到一個小時，公司的人就在議論：「天台上面的躺椅沒了，難道老闆知道大家經常上去休息？」阿晶臉皮厚，主動來問我，還開玩笑：「老闆，你不應該發現啊因我們每次上去都是等你走了以後。」

我說：「作為老闆，我走了並不代表就甚麼都不知道了。老闆獲取消息的渠道遠比你想像得多，所以在做任何事之前，都要記住一句話：不要以為老闆不知道。」

你的小聰明，老闆都清楚

有些人非常喜歡在自己的上司面前耍一些小聰明，比如偷懶、怠工等。他們自認為這些事情老闆完全不會發現，畢竟管理者事務繁忙，沒多少精力關注這些細枝末節的東西。員工也覺得老闆高高在上，有的老闆平時很少來公司，來了就待在辦公室，肯定不清楚基層的情況。

可實際上，大部分的老闆也都是從底層一步一個腳印爬上來的，你的那點小伎倆在他們眼中就是小孩做遊戲，早已了然於胸，一眼就可以揭穿你。這是因為，管理者獲取信息的來源方式有很多，他們未必只能通過親眼看才能知道事情的真相。大多數情況下，你的小聰明只是給自己挖的陷阱。

一點也不誇張地說，說不定你身邊的某位同事就是老闆放在基層的耳目。

踏踏實實，上司最喜歡

每當有人問我如何跟上司相處時，我都會說：在上司面前，別走捷徑，要走大道。**你走大道沒走出好的結果，他可能不會讚賞你。但你走捷徑即使走出了好結果，他也一定會否定你。**

踏踏實實，是管理者最喜歡的員工品質。工作是沒有捷徑可走的，只有踏踏實實地把每一個步驟做好，問心無愧，才是最值得信賴的員工。

07 老闆說的話不對怎麼辦？

關係到公司利益的問題，無論甚麼都不要裝糊塗，該說出來時不要猶豫；因為老闆不管嘴上怎麼說，心裏其實很清楚。你說錯了，他不一定生氣；但你裝糊塗，他一定記仇。

阿晶又來交流問題，她問：「老闆，我有個問題想請教你。跟你出去談生意，你說得不對怎麼辦，我該不該提醒一下？」

我反問：「你覺得呢？」

阿晶說：「如果我當場提醒你，會不會讓你覺得沒面子？可如果不提醒，影響了業務，你會不會說我不稱職？你看，這事確實比較難吧！」

我說：「一點也不難，我告訴你一個方法，你可以發個信息或寫個紙條給我，如果我看到後不更改，說明這個錯誤是我故意的，你既沒傷到我作為老闆的面子，也沒有不稱職。如果我更改了，說明這個錯誤你應該提出來，我更不會生氣。」

阿晶愛學習與上司的相處之道，阿明就沒這麼靈活了，他說話直來直去。

沒過幾天，公司開會討論一個項目，我講了一下自己的看法，阿明覺得他的方案更好，於是當眾提了出來。不過我很不高興，讓他回去再想想，還把他批評了一頓。

為甚麼我對待阿明這麼苛刻呢？原因有兩個：

第一，他當然可以提出自己的方案，但他首先應該肯定老闆的方案，在肯定的基礎上把自己的方案作為補充提出來，效果才會最好。

阿明一開口就說：「我這個方案比你的好，你那個想法過時了」，自然會遭到老闆的否定。**開會時批判老闆在任何公司都是大忌。**

第二，他在遭到否定後沒有繼續堅持自己的想法，也是讓我比較失望之處。

如果你認為自己的確是對的，你的意見對公司的利益至關重要，那麼就不要動搖，堅持自己更好的觀點，努力說服老闆。只要你對，哪怕吵架也要堅持。真理不辯不明，老闆會想清楚的。

因為在任何時候，老闆都比員工更重視公司利益。

處理這種問題，並沒有一種可以一成不變的模式。至於具體如何應對——是委婉地說還是直截了當地表明，都要看老闆的脾氣秉性和說話的場合。你的老闆是急脾氣，還是溫和派？是一對一溝通還是多人會議？是在自己公司內部，還是有客戶在場？考量諸多的因素之後再決定你可以採取的方法。

同時，你在公司裏的地位及與老闆的關係也是要重點考慮到的。你是公司的重要骨幹嗎？你平時的業績如何？老闆對你的信賴度怎麼樣？這些環節都影響你說話的份量。

最後，有一點需要切記的是，關係到公司利益的問題，無論甚麼都不要裝糊塗，該說出來時不要猶豫，不要當鴕鳥。因為老闆不管嘴上怎麼說，心裏其實很清楚。你說錯了，他不一定生氣；但你裝糊塗，他一定記仇。

08 該不該拒絕老闆

老闆的要求並不是每一個都合理，而回應老闆的要求最好是在工作時間，公事公談；下了班之後就是你的私人時間，你有權利拒絕老闆工作以外的命令。

阿晶抽時間來好學上進：「老闆，我問一個有點奇怪的問題，如果上司約我出去，我該不該拒絕啊？比如喝咖啡、去酒吧、吃飯等這些朋友之間才能做的事。」

我說：「這真是個好問題，許多職場人都可能遇到，尤其當你比較漂亮時。在我看來，那要看是甚麼樣的上司，還有約你幹甚麼，如果是單身的上司，你也單身，那不管他約你幹甚麼，你都可以考慮去，只要你喜歡；如果不是單身的上司，你就要關注他約會的內容和時間，一切正常的交際和業務交流還是可以的，例如約你去見客戶，或找地方商談重要的工作。但如果內容和時間不合時宜，你就要堅決拒絕，比如晚上約你聊人生，找你去『蒲吧』等。」

首先，老闆的要求並不是每一個都合理。他們是人，有七情六慾，有個人喜好。有的老闆對某位員工印象好，就喜歡私下談事，或常一起吃飯，只要不逾越底線，沒甚麼可指責的；但有的老闆可能有其他不好的意圖，對此就要警惕了。

其次，回應老闆的要求最好是在工作時間，公事公談，下了班之後就是你的私人時間，你有權利拒絕老闆工作以外的命令，除非他「約」你去加班。

如何恰當地拒絕老闆的不合理要求，和上司保持合適的距離，是工作中的一門藝術。

有人還會擔心一個問題：**我拒絕老闆的某些要求，會讓他覺得我對公司不忠誠嗎？**

這個擔心大可不必，想讓老闆覺得你是忠誠的，**有時不是看你做了甚麼，而是看你不做甚麼。**

你只要不做有損公司利益的事，你就是忠誠的。一個聰明的老闆對此心知肚明，假如他不這麼認為，這個老闆就是不合格的，你應該考慮離開這家公司了。

09 跟上司交流四字真言：對、是、好、改

只要老闆沒有做出過分的事、說出過火的話，切記不要正面頂撞你的頂頭上司，不要和他發生正面衝突。因為在上司的邏輯中，員工的本職是服從。

阿卓有天跟我說，每當向我彙報新項目的工作時，就感到緊張，滿頭大汗，話也說不伶俐，準備好的思路也變得一團亂麻。理由是，他害怕說得不好，也怕不能領會上司的意思。愈害怕，就愈說不好。

不止阿卓，現實中的很多員工都有這種憂慮，他們生怕在上司面前說錯了話，會錯了意，一個不小心就被上司列上了黑名單，那如何是好？

我告訴阿卓：「跟老闆說話，記住四個字就行，『對、是、好、改。』用好這四個字，其他的都不在話下。具體解釋起來就是，老闆的決定要說對，老闆的命令要說是，老闆的主意要說好，老闆的批評要說改，不管甚麼時候都不能頂撞老闆。如果你有意見，也要私下提，注意提意見的方式，不能潛意識中把自己當成老闆。記住這四個字，你就是上司眼中的好下屬。」

以前我遇到過一位下屬，每當我提個想法，他張嘴就是：「不對」、「不是」、「不好」。先否定

我，再說他的思路。開始時，我以為他必有高論，結果說上半天，他的思路也並不高明，甚至多數想法不切實際。後來我發現，他就是這種嘩眾取寵的性格，已經形成了習慣，改不過來。經過一段時間的教導和培訓，他才慢慢糾正了這種錯誤的交流方式，養成了「先接受再探討」的好習慣。

無論發生了任何事情——**只要老闆沒有做出過分的事、說出過火的話，切記不要正面頂撞你的頂頭上司，不要和他發生正面衝突。和上司進行交流，要在四字真言的基礎上再去私下尋找時間充足、氣氛適宜的溝通路徑，才是真正能解決問題、化解麻煩的好辦法。**因為在上司的邏輯中，員工的本職是服從。

作為員工一定要謹記並且理解上司的心理需求，才能和他搞好關係。

10 別跟上司稱兄道弟

和上司走得太近，不利於我們和同事搞好關係，這其實是給自己挖陷阱的表現。正確的做法是，在上司面前保持一種普通上下級關係，謹記自己的身份和職責。

阿明推開我辦公室的門，親熱地打招呼：「哥，你找我？」

我趕緊把臉一拉：「住嘴，別這樣稱呼！」

阿明接着不正經：「老闆，我們誰跟誰啊？我跟他們都說了，你就是大哥，我就是弟弟，大哥一句話，弟弟萬死不辭。你想啊！我從大學畢業就跟着你做事，這都多少年了，在我心裏，你就是我親哥。」他的腸子不會拐彎。

我說：「停止開玩笑，這裏是公司，你這天天地哥來哥去的，演家庭倫理劇？不知道的還真以為你是我親弟呢！必須稱老闆，否則你明天就別來上班了。」

無論在任何場景中，和上司稱兄道弟都是一種非常危險的行為。

很多時候，做上司的為了減輕管理難度或者有其他目的，會刻意地和下面的員工拉近一些關係，在

某一時刻表現得就像朋友一樣，例如拍拍你的肩膀，叫你一聲「好兄弟」。這就讓員工有了一種錯覺：「上司好像對我不錯，我們的關係不一般啊！」一旦萌生了這種想法，你的行為模式就會發生錯誤的轉變，心理有了某種優越感，和上司說話時不知輕重，不懂保持恰當的距離，很容易就會說出自己覺得親近，但上司不高興的話。

要知道他畢竟是你的上司，你應該對他保持必要的尊敬，說話要有尺度，做事也要有分寸。否則，很可能在你自以為上司當你是好兄弟時，他已悄悄地把你從「優秀員工」或「重點培養對象」的名單中刪除了。

另外，假如你整天和自己的上司稱兄道弟，你的同事會怎樣看？可以肯定的是，他們不會為此鼓掌，也不會對你有甚麼好感。不管這個上司做事有多麼公正公平，不偏不倚，其他員工一定覺得你才是他的親信，上司一定暗地裏給了你不少好處。這種情況下，同事們就不會和你走得太近。他們會一起提防你，在你面前說話做事都會很小心，生怕你搜集信息去告密。

所以，和上司走得太近，也不利於我們和同事搞好關係，這其實是給自己挖陷阱的表現。正確的做法是，在上司面前保持一種普通上下級關係，謹記自己的身份和職責。這是最安全也是最讓人放心的相處模式。

11 善於領會老闆的意思

你要根據老闆的一貫作風和思想（行為模式）來對他的真實意圖加以完整的理解，據此制定自己的策略，提供解決問題的辦法。

阿卓開完會提意見：「剛才開會，我覺得老闆你說的話有點問題，你說蜂蜜的價格如果下調10%的話，公司的利潤就達標了；可是現在的價格已經是最低了，再下調的話利潤雖然有了，但其他成本也加大，等於還是虧本。你說了等於沒說，這個活怎麼幹我還是不明白。」

我說：「這麼簡單的問題你都看出來了，你以為我看不出來？我這麼說是要告訴你，這單是虧本生意，所以不用再做了。記住一句話，老闆永遠沒有錯。如果你覺得老闆錯了，那肯定是你沒有領會老闆的意思。」

舉這個例子的意思是說，**要懂得聽出上司的弦外之音**。

和管理者打交道時，如果你會錯意、表錯情，不僅吃力不討好，還可能在老闆眼中被打一個「不及格」的標籤。當老闆在表述某些問題時，一定要多想想他想借這段話說明甚麼，領悟到老闆真實的意圖。千萬不要當老闆簡單地說了幾句，你就以為自己完全理解了。

首先，是找意圖。你要明白老闆的指示對於這項工作的重要性，理解他的直接意圖。

其次，是找問題。你要清楚地了解老闆說這句話時處於怎樣的需求和心理狀態，以及這項工作已經出現的成就和問題。

最後，是找辦法。你要根據老闆的一貫作風和思想（行為模式）來對他的真實意圖加以完整的理解，據此制定自己的策略，提供解決問題的辦法。

12 怎樣應對新上司？

只有庸人才想回到從前，或者企圖讓上司迎合自己的習慣。強者只會盯着未來，改變自己適應環境。當你迎來一個新上司時，要學會接納、適應和理解，使自己達到他的要求。

公司新上任了一位高層，主管阿卓的部門。阿卓不知怎樣與這位新上司相處，問我該怎麼辦。

我說：「都說新官上任三把火，新上司通常會對現有的工作方式進行調整或變更，這個時候你要做的不是提意見，也不是告訴他以前的上司是如何做的，而是帶動其他的同事積極配合。」

阿卓有疑問：「如果這位新上司的做法有問題呢？」

我說：「那就要參考另一個方法了，告訴自己，上司都是對的。你必須適應他，因為他的管理出了問題，自有公司來管，由我來做決定。換句話說，他管你，我管他，明白了嗎？」

的確如此，我管他，他管你，就這麼簡單。職場關係很複雜，但有時「簡單」恰恰是處理複雜問題的一把利器。

心理要適應，因為沒有哪個上司會帶你一輩子

在職場中我們總會遇到上司更迭的事情，舊上司走了，新上司來了。這種事情不以人的意志而轉移，是所有公司和團隊的客觀規律。

鐵打的公司，流水的兵，有時各個部門的主管乃至高層也是流水的。但對一些人而言，他剛剛習慣了某一個上司，新的上司就來了，他只好重新進入磨合期，心理上很不適合，工作中苦不堪言。還有一些人熟悉了過去的氛圍，與新上司的習慣格格不入，便容易發生摩擦。有了矛盾後，可能還覺得上司不夠專業。

這些例子在職場中屢見不鮮。

通常人們與新上司互相不適應時，總是習慣性地將責任歸咎於上司，認為上司是在針對自己，覺得自己懷才不遇。事實真的如此嗎？人們一定要接受一個現實，那就是不僅自己是流動的，上司也是流動的，沒有哪個上司會帶你一輩子，要調整心理，用職業態度面對上司的更替，努力適應、磨合才是我們應遵從的邏輯。

記住重要一條：上司不會適應你

你不適應新上司，新上司更不會適應你。這是最重要的一條。上司來到一個部門，他的主要任務是

管好團隊，並且對上負責，而不是對下面的員工負責。那麼，他就沒有理由討好你，也沒有義務給你太多適應、調整的時間。

只有庸人才想回到從前，或者企圖讓上司迎合自己的習慣。強者只會盯着未來，改變自己適應環境。

這其實是一個無解且無聊的問題，新上司有足夠的權力動用符合公司規定的手段保障他自己的利益，而且他也有足夠的理由這樣做。因此，當你迎來一個新上司時，要學會接納、適應和理解，使自己達到他的要求。

關鍵是做好定位

作為一名員工，怎麼去應對這種人事變化的新局面呢？關鍵是做好自己的定位：

第一，你是一名員工，本職工作是服從權威，不是挑戰權威。

第二，對方雖然是新上司，但卻不是新人。他的經驗比你豐富，仍然是你的前輩。

第三，無論你對他的印象如何，都改變不了一個事實：他代表了公司高層來管理你所在的部門，他是主導者，而你是執行者。

這三條理解起來並不複雜，只要對自己的定位做好了，我們就能迅速地去適應新的上司，和他打好交道，共同把工作做好，並且一起打造部門（團隊）新的行事風格和文化。

CHAPTER 8

責任邏輯

責任心是你最大的安全符

01 亂世出英雄

一個富有責任心的強者，他必然敢於做得罪人的事，也能善於處理各種複雜矛盾。

我讓田秘書把一份剛簽字的文件發下去，告訴項目團隊可以立即執行了。田秘書感慨：「老闆，這個案子輾轉了幾個經理都沒人敢接，大家說不好做，寫了方案老闆也不會批的，批了也不一定能做好。我也沒看出來吳經理報上來的案子優秀在哪裏，你看了一遍就批了，是不是有點小題大做了？」

我說：「這個項目很有難度，我找了很久都沒人接，說明甚麼問題？下面的人能承擔重任的太少了，吳經理敢接這個項目，不管能不能成功，就已證明他是一個有責任心的部門主管，他在幫我解決難題，在幫公司清理麻煩，即使最後做不好，我也不會批評他，仍然給他記功！」

最敢抓機會，最敢擔責任，最敢接棘手的活，你在公司就已經有一隻腳站到了成功的舞台上。一個富有責任心的強者，他必然擅長抓機會甚至主動爭取辦「棘手的事」，做得罪人的事，也能善於處理各種複雜矛盾。反之，有的人碰到有難度的工作就躲開，只想揀便宜，這樣的人在工作中很難有大的發展。

02 凡事做一件少一件，少一件輕鬆一件

如果有的事情太難，就要暫時放下，跳過去，從容易的着手，別讓某一個環節絆住自己前進的腳步。

公司把一個茶葉的項目安排給了阿晶，一個星期過去了還沒出方案。我把她叫過來，問她怎麼回事。

阿晶低頭回答：「老闆，茶葉包裝的樣式我還沒想好，這幾天都在弄這個。」她愈說愈小聲，一副我很內疚但你別教訓我的樣子。

我說：「樣式沒想好你就放在一邊，把想好的先做了，這樣就算到時間了你也只是這一項沒弄好，別人也好插手幫你。結果呢，因為一個環節，你拖延了整個項目的進度。」

我們在工作中經常碰到類似的情況，有些任務很難辦，也很繁多，於是就一件沒做，整個任務全被擱置，到最後想找人幫忙時，別人也無從下手。這樣既拖累了自己也耽誤了工作。

還有的人在做事時發現第一件很難就拼命地攻關，但新的任務源源不斷，在他面前愈堆愈多，導致他要解決的麻煩也越來越多。

如果有的事情太難，就要暫時放下，跳過去，從容易的着手，儘量將時間的產出最大化，別讓某一個環節絆住自己前進的腳步。這是有責任心，也是有出色規劃能力的體現。

03 完成本職再說別的

做好了公司要你幹的事，對於我們而言就已經是實現了既定的目標。想在公司體現出自己的責任心，就務必搞清自己的定位——我該做甚麼？我做好了沒有？

除了茶葉的項目阿晶出了漏子，客戶黃生的另一個項目她也完成得一般。問她工作進行到了哪一步時，她這次顯得很有理：「老闆，黃生的方案我還沒弄，因為我正和小玉一起安排公司的聚餐。」

我說：「安排聚餐是小玉的工作，你去摻和幹甚麼？」

阿晶又找到一個理由：「你不是說過嗎？這次聚餐要好好搞一下，讓大家多幫忙；所以我有義務幫小玉，她一個人確實忙不過來。」

這個理由讓我又氣又笑：「影響自己的工作去做別的事，那不是幫忙，那是搗亂。你做得再多，也得挨罵。完成了自己的工作再去做其他的事，那才是幫忙。現在你馬上放下聚餐的事，抓緊寫你的方案。我再給你兩天時間，拿不出方案就準備去其他公司投簡歷吧！」

在我看來，阿晶工作犯迷糊，是因為以下兩點沒搞明白：

第一，本職工作做不好，就等於沒有責任心；

第二，成功的定義，就是先把分內事做好。

工作無小事，責任重於泰山。責任首先體現在哪裏？就是自己的本職工作，做好了公司要你幹的事，對於我們而言就已經是實現了既定的目標。

在職場，每個人都希望自己可以事事俱成，成為一個全才，但希望是一回事，現實又是另一回事。像阿晶這樣連自己該做的本職工作都做不好，其他的事情再擅長，又有甚麼用呢？

想在公司體現出自己的責任心，就務必搞清自己的定位——**我該做甚麼？我做好了沒有？**回答了這兩個問題，再考慮去參與其他的工作。

04 能全做就別做一半

工作要麼是一百分，要麼是零分，絕無五十分的說法。要想把事情做好，就得先把事情做完。我們要秉持最大的責任心對待手頭的工作，能由自己完成的，就不要想着讓別人搞定。

在那個經常犯錯的時期，阿晶一邊接受批評，一邊在努力爭取進步。有一天她送來了一個項鏈項目的計劃書，她自認為完成得很好，但我看了一眼便發現了毛病。

我問她：「這次的產品沒有贈品？」

她答：「有！但是我怕我選不好，所以想看看你的想法。」

我接着問：「物流呢？」

她答：「我怕你已經定好了，所以就沒聯繫。」

你看，她送來的計劃書其實不叫計劃書，而是一份剛起了個開頭的意見徵詢，讓我來替她拿主意。

所以我也只能發火：「如果我都弄好了，那我還要你寫計劃書幹甚麼？」

她趕緊辯解：「老闆，我這不是怕我選的不符合你的要求麼，希望你給我一些意見我再行動。」

我說：「我有要求的話肯定會提前告訴你，交給你的工作，如果沒有特殊的安排，那你該怎麼做就怎麼做，能全做的，就千萬別只做一半。明白了嗎？」

在和責任心有關的行事邏輯中，我們做一件事只有兩個選擇，要麼不做，要麼就全力去做，不要給自己留退路。因為你給自己留的退路愈多，最終失敗的可能性也就愈大。一件事情如果你只做了一半，那就等於一點沒做。

工作要麼是一百分，要麼是零分，絕無五十分的說法。**要想把事情做好，就得先把事情做完。**

我們要秉持最大的責任心對待手頭的工作，能由自己完成的，就不要想着讓別人搞定。

05 不要試圖掩蓋自己的失誤

掩蓋失誤，只會讓你錯上加錯；坦然地面對失誤，總結教訓，才能及時改正失誤。

責任心還體現在「敢於承擔錯誤上」。比如阿穎曾經問過我這麼一個問題：「如果在工作中出錯了，是掩蓋下來由自己悄悄解決好呢？還是告訴別人尋求幫助好呢？」

我說：「那就要看這個錯誤會不會牽連到公司或者他人。如果不牽連別人，自己一個人就能解決的，可以掩蓋一下自己去處理；可如果會牽連別人，或者涉及公司，那必須提前告知，不能掩蓋，並且要想盡一切辦法解決，千萬不要相信甚麼大事化小，小事化了。」

承認自己的失誤、錯誤等，並不是甚麼丟人的事，這個世界上沒有完人，也沒有從不犯錯的高手。可在現實中，我們發現大多數的人在做一件事情不成功，或者被批評的時候，總會製造種種藉口說服自己把問題掩蓋起來，不讓別人看到自己的失誤。這完全是因為他害怕承擔錯誤，不想成為笑柄。

其實，失誤是人生的常態，是工作的催化劑，也是讓自己不斷進步的驅動力。掩蓋失誤，只會讓你錯上加錯；坦然地面對失誤，總結教訓，才能既贏得上司和同事的尊重，又能及時改正失誤，把問題徹底地消除掉，讓錯誤轉化成自己的經驗。

06 不知有利有害時，要多看少做，不要私自亂做

想對了，才有明確的思路；看準了，才有安全的路徑；做好了，才有理想的結果。

阿晶還是公司的一名新人時，就特別喜歡提問學習工作中應該注意的問題。有一次她問：「老闆，我是一名新人，你說新人甚麼該做，甚麼不該做呢？」這個話題是公司的新人們都很關心的。

我說：「看在你這麼好學，我就教你點實用的。確定對公司有利的，不會造成不良後果的，任何時候都該做，而且應該主動去做；不確定結果是好是壞的，要謹慎去做甚至不做，至少是多看少做，更不要私自亂做。因為新人出了錯，沒有人給你執手尾，反倒有的是人落井下石。總之一句話：**眼裏有活不亂做，嘴裏有話不亂說**。這既是責任心，也是一種職業素養。」

這個原則總結成一句話，就是**想對了，看準了，做好了**。想對了，才有明確的思路；看準了，才有安全的路徑；做好了，才有理想的結果。這樣，就能分得開利害，做有利的事，避開有害的陷阱。

一個有責任心並且能擔當大任的人，他必然要認準目標，排除無謂的干擾，對目標十分專注。在這種情況下，他就不會亂聽、亂看和亂做，而是多看少做，持之以恒，始終把最重要的工作做好。

07 任何時候都不要有僥倖心理

在工作中一定要切忌僥倖心理，做事情時要力求100%的確認，做到萬無一失。即使有萬分之一的風險，也要把它放大一萬倍來認真對待，做好應對預案。

公司有一個項目所需的茶葉到貨了，但還差四千盒。因為合作方電視台那邊要求第一次入庫必須達到一萬二千盒才夠所需，所以我交代阿明去問一下客戶黃生，餘下的茶葉多久才能到位。

阿明很快回覆：「黃生說最多十天，而且很可能提前。」

我當即決定：「那麼我們必須把黃生這個項目的直播改到下周了，告訴相關的人，暫時停下。」

阿明提出異議：「老闆，下周我們有好幾個產品要上，節目那邊真的是沒時間了，我看還是按原計劃直播吧！畢竟已經入庫八千盒了，萬一賣不了那麼多呢？說不定這些也夠了。再說了，萬一黃生的貨沒兩天就到了呢？他不是說『很可能提前』嗎？我相信他能做到。」

我立刻瞪起眼來：「有一點你要清楚，我們在節目宣傳中承諾的是三天貨品到家，你老說萬一，那萬一這些貨量就是不夠呢？萬一黃生後面的貨確實得十天才到呢？到時候這個鍋是你揹還是我揹？工作沒有萬一，只有必須、肯定以及確定，不能有僥倖心理！」

第一，如果你心存僥倖，結果必然不幸。

第二，僥倖心理是責任心的毒藥，凡有此心理者，不可擔當大任。

很多事情的功虧一簣都是因為我們存在着僥倖心理，雖然事情不利，心中卻有盲目樂觀的預期，覺得事情會好的，但現實往往打臉。

就像著名的墨菲定律說的：當一件事有可能變壞時，那它總是會變壞，而且是無法彌補的差錯。所以在工作中一定要切忌僥倖心理，做事情時要力求100%的確認，做到萬無一失。即使有萬分之一的風險，也要把它放大一萬倍來認真對待，做好應對預案。

CHAPTER 9

管理邏輯

怎樣管好下屬，帶好團隊？

01 態度可以變，原則不能變

不符合公司規定的要求不予以批准，但原則不能變，態度卻可以變。應該遵守的原則不變，但應對的態度卻要跟隨情況的變化而變化。在管理中，這就叫「有所變」和「有所不變」。

管理團隊是一項複雜但又充滿靈活性的工作，它的基本邏輯與規則有關，是對規章制度的徹底執行，但又受到人的不同個性的干擾，因此又非常講究方法論，在執行規則時不可僵化教條。

比如，管理者是公司制度的執行者，充當着「執法者」與「監督者」的雙重責任，這個使命要求我們在管理的過程中對原則問題不能妥協，必須鐵面無私，照章辦事。但與此同時，管理也不能太死板，針對員工的不同需求和場景的特點，也要表現出富有變化和磁力的態度，才能既管好員工，又能加強團隊的凝聚力。

有一次，阿明興奮地提出一個請求：「老闆，這個大客戶的項目終於落定了，公司賺了一大筆錢，你心情一定也很好，我們放鬆放鬆，出去玩一天怎麼樣？」

我板着臉：「不行！」

阿明又問：「老闆，我們今天下班早走一點，出去吃個火鍋、喝個小酒怎麼樣？」

我依然板着臉：「絕對不行！」

阿明有點灰心了：「你知道嗎？經過近期緊張忙碌的工作，大家都很累，神經緊繃，特別需要放鬆。」

這時我的臉上露出了笑意：「這麼說還差不多，可以讓你們放鬆一下，但只能在週五的時候早下班一小時，這是公司的規定。」

在這個例子中，我們可以看到管理原則非常重要，是絕對不能變的，那就是不符合公司規定的要求不予以批准，哪怕你們有天大的功勞，也不能搞特殊化。但另一方面，**原則不能變，態度卻可以變。當員工提出正確的理由時，我們要給予正確的回應，即：體諒員工加班的辛苦，在公司允許的範圍內給予一定的獎勵。**

應該遵守的原則不變，但應對的態度卻要跟隨情況的變化而變化。在管理中，這就叫「有所變」和「有所不變」。

02 亂世需用重典

在公司面臨的特殊時期，我們的制度和管理手段也一定要嚴，施以雷霆手段，清除內部的混亂，還秩序以穩定，才能用較低的代價迅速扭轉局面，讓管理回到正確的軌道。

公司在銷售方面以前有張經理和劉經理兩大團隊，立下了汗馬功勞，但有一段時期他們兩邊的業績都不穩定，時高時低，還出現了惡性競爭的情況。為了調和矛盾，我用盡了辦法，還把公司業績排行榜前幾名的幾個好手平均分配到他們兩人的團隊中，希望他們向外發力而非內耗，也通過溝通做過幾次調節，效果仍然一般。

認真思考後，我決定採取一種極端的辦法，那就是不再均分好手，而是將優秀人才集中到一個團隊中，然後讓其他的人全部離職。

既然你們不聽勸，我也不是慈善家。這樣一來，公司節省了一半的人工成本，這個優秀團隊的業績也會比原來兩個團隊的業績總和還增加了一倍。至於兩位經理，我殺雞儆猴，辭掉一個，讓留下來的團隊及經理都不要驕傲，要有強烈的自我危機感，更加積極努力地為公司利益拼殺。

對這個決定公司內部有人表示不理解，覺得太狠了。但我之所以用上重典，是因為從中看到了一些不良的苗頭：

第一，兩個團隊的無序競爭正逐漸超出公司的管控範圍，並且嚴重影響到了業績。

第二，兩位團隊帶頭人在我數次談話後仍未能解決問題，說明他們中至少有一個人是要被揪出來承擔責任的。

第三，管理中最怕的是山頭林立，特別是出現兩個互相對立的山頭，一旦有這種情況就必須採取嚴厲的手段進行制裁和整治。

清朝的中興名臣曾國藩在自己一篇名為《赦》的筆記中談到了一個嚴肅的話題，他認為對那些罪不至誅的人也不應寬容對待，尤其在亂世中就得用重典糾正風氣，否則便可能產生「白蟻蛀壩」的可怕的危害。

他說：「放牧馬匹的人，會清除害群之馬；放牧羊群的人，會清除害群之羊。管理老百姓的道理，也是這樣的。」在公司面臨的特殊時期，我們的制度和管理手段也一定要嚴，施以雷霆手段，清除內部的混亂，還秩序以穩定，才能用較低的代價迅速扭轉局面，讓管理回到正確的軌道。

03 鼓勵下屬有自己的想法

真正好的管理，應當賦予員工思想，幫助他們主動積極地思考，激勵他們自發的創造力。這對管理、對公司、對他們個人都有莫大的好處。

在管理中我總是希望與下屬建立思維層面的聯繫，從創造力方面鼓勵他們。我討厭上下級之間僅有發令和執行的關係，我也不希望公司的管理者滿足於手握方向盤當個懶惰的司機。真正好的管理，應當賦予員工思想，幫助他們主動積極地思考，激勵他們自發的創造力。這對管理、對公司、對他們個人都有莫大的好處。

比如在一次內部的招聘溝通會上，負責招聘的田經理曾經無比奇怪地問我：「老闆，你親自把關的面試，簡歷不看、學歷不問、英文不考、業績不查，就問兩三個問題便錄用了，不怕他們是水貨嗎？」我選人的標準如此簡單，讓他很不明白。

我說：「簡歷當然是重要的，但簡歷上的有些內容你是很難在第一時間考證的；有的人做過清潔員都能在簡歷上寫得就像當過部門經理，學歷高、英文好是能加分，但是名牌大學的畢業生也有無數的混子，你能從簡歷上分辨出來嗎？至於他們在前公司的業績，他且一說，你且一聽，我們想查到真實業績是非常不容易的。所以用人關鍵是做好三點：看他的自信心，看他對應聘職位的看法，看他對未來的規劃。會想這三點並且有成熟觀點的人，我們就願意帶，也能夠帶得出來。」

這三點看上去簡單，實則是對員工能力、潛力的一次全方位的深度考核。

第一，有自信的人更有幹勁。人沒有信心，就像汽車沒有油，喇叭按得再響也跑不了多遠。你沒有信心，老闆給你重要的工作你也不敢接手，生怕搞砸了。所以員工的信心很重要，信心也是一個極為關鍵的底層要素，是我們做好一切事情的基礎。

第二，能評價自己職位的人有反省精神。在入職之前，就對自己正應聘的職位有成熟的看法，甚至是比較新穎的觀點，這樣的人才我是不會錯過的。這說明他有很強的反省精神，能夠跳到問題的外面審視和思考。想想看，當你向一個職位投遞簡歷時，你對該公司的這個職位曾經有過多深的思考呢，還是說你只重點考慮了這個職位給你的上升空間、薪水漲幅、工作難度，從未思考過該職位對於公司的重要性和「可變革空間」？

第三，對未來有針對性規劃的人創造力強。思考力的一個直接結果就是針對性極強的規劃力。這樣的人不管幹甚麼都有自己的想法，他有規劃，然後有行動，來到公司後很快便能紮下根，不會輕易跳槽，是所有的公司都喜歡的員工，也是所有的管理者都會信賴的下屬。

04 授人以魚，不如授人以漁

上司與其傳授給員工解決問題的技巧，不如告訴他們一套完整的方法論：做好一件事的原則、經驗、理論依據，是系統性的知識。只有這麼做，員工才能成長，團隊才能壯大。

不久前，我讓阿晶主管客戶黃生的新項目。

黃生是公司的重點客戶，我這麼做是培養阿晶。但她卻說這個項目屬於一個全新的領域，她沒接觸過，沒甚麼經驗。我便給了她一份計劃書，是我自己寫好的，讓她看一遍，在這個基礎上寫一份交上來。

阿晶表現得很沒自信地說：「我寫出來的肯定沒你的好，客戶屆時肯定用你的方案。」

我說：「我讓你看和讓你寫，不是為了給客戶看，是為了讓你知道這種項目該怎麼做，下次再遇到同樣的，你能做也會做了，跟送給你一條魚比起來，教給你釣魚的方法更重要，明白了嗎？」

在管理團隊和引導工作的過程中，當碰到問題時，有些上司總是喜歡替下屬想辦法，幫他們拿主意，甚至是身先士卒，這麼做的結果就是——**老闆累死，下屬閒死，公司虧死**。

比如有調查顯示，70% 多的創業公司老闆就死在事必躬親上，他們覺得下屬太笨，甚麼都幹不好，索性親自上陣，自己搞定。結果久而久之，下屬的進步有限，老闆也累得夠嗆，公司發展不起來。

如果你只授人以魚，你充其量只能管好、帶好十人以下的小團隊，這是你精力的上限。人數在10人以上的團隊管理，你完全無法勝任。

在工作中，**上司與其傳授給員工解決問題的技巧，不如告訴他們一套完整的方法論。方法論是甚麼呢？是做好一件事的原則、經驗、理論依據，是系統性的知識，也就是授人以漁。**只有這麼做，你的員工才能成長，你的團隊才能壯大。

05 尊重制度是最好的管理

公司的管理是要鼓勵好員工，讓員工有序地發揮能力。但管理一定要尊重制度，不然以後就沒有一個標準。

公司下屬部門的趙經理向我申請一次特殊的加薪。

趙經理：「我們部門的阿卓這段時間在週末總是加班，也很用心，我想跟你申請一下給他加一點薪金。」

我回覆：「按照公司的薪資制度，如果只是你說的這一條，是不太符合條件的，加班的人太多了，難道都要加薪嗎？希望你能提供更多的信息。」

趙經理說：「還有很重要的一件事，阿卓的搭檔是阿明，兩人共同負責同一個項目，那傢伙這兩個月在工作上有點馬虎，精力都用在工作外了，導致這個項目的大部分環節都是阿卓一個人負擔。因此我希望能破個例，藉此敲打一下做事不用心的阿明，告訴他付出才有回報。」

這正是制度允許的一種情況，公司要用獎勵突出對工作用心的個人，同一個項目中，肯定是多勞者多得。

於是我點頭同意：「這樣，這個月給阿卓發一筆獎金，並且在全公司通報表揚。你現在就可以去填申請單，由我來簽字。同時，你要跟阿明談話，告訴他這個月的基本獎勵已經全泡湯了。」

我們在管理中需要有健全的制度，根據制度行事。但是光有紙面的制度是不行的，寫在紙上的條文是乾巴巴的文字，沒有活力，**只有在尊重制度的基礎上讓它富有切實的可執行性，才能把我們的管理理念落到實處**。

不論團隊的實際情況怎樣，員工有何種要求，下屬提出了甚麼樣的想法，都不能逾越制度的範疇。

在管理的過程中，作為公司的負責人，我們能否尊重制度是關係管理結果的至關重要的因素。你尊重制度，一切以規定為準，員工便服你，公司才持久；你不尊重制度，不拿規定當回事，員工即使受了你的恩惠，他們的內心中也不會真正地欽佩你。

管理者要充分地認識到這一點，學習、了解和尊重公司的規定，並且時刻以身作則，始終認真帶頭執行，將這種良好的風氣感染整支團隊。

06 請把個性留在家裏，帶着專業上班

如果在個性和專業之間二選一，我們必須毫不猶豫地選擇後者。要讓員工先有專業，再有個性。如果個性太強，專業性太弱，就不能把他放進自己的公司。

和客戶黃生吃完飯後，我馬上將阿明叫過來，嚴肅地批評他：「剛才吃飯的時候，你怎麼把我們各種服務的價格都跟黃生說了？你不知道這是談生意的大忌嗎？」

阿明不以為意地說：「老闆，我看黃生一直問，就告訴他了，我這心直口快的個性你還不知道嗎？我覺得跟客戶也能搞好關係，應該沒甚麼大礙吧？」

我問：「我們新產品的方案呢？你不會也說了吧？」

阿明說：「我看黃生挺感興趣，就給他說了說，誰讓我個性就這樣呢？」

我接着問：「公司下半年的經營方向你也對他講了吧？」

阿明說：「是啊！我看黃生當時挺無聊的，就隨便跟他聊了聊，沒說太多，只要黃生高興，業務能搞好，我覺得說點也無所謂啊！畢竟是為了公司好，你看黃生不是挺滿意嘛！」

「好！」我說，「從今天起，未來三個月你的獎金全部泡湯了。同時我跟你說最後一遍，有個性是好事，但你的個性不能危及公司的利益，我勸你最好將今天的這些個性統統留在家裏，只帶着專業來上班。否則我就讓你的專業在本公司不再有用武之地。」

管理者比較頭疼的一個方面就是員工的個性——**個性張揚者易侵犯公司利益，且不好駕馭。**

通常，人的個性是豐富多彩的，有的人心直口快，有的人沉默寡言，還有的人活潑熱情。

要把這麼多的個性員工組織到一起是不容易的，而個性太多也會犯錯，比如阿明在客戶面前沒管好嘴巴，瞎表現自己的誠意，反而洩露了公司的商業秘密。所以，我推薦的一條管理邏輯便是：**如果在個性和專業之間二選一，我們必須毫不猶豫地選擇後者。**

要讓員工先有專業，再有個性。如果個性太強，專業性太弱，就不能把他放進自己的公司。

07 預算控制很重要

作為上司，在日常培訓中一定要灌輸給員工預算管理的觀念，事先分配好公司的財力和人力資源，實現團隊的既定目標。

阿穎彙報說××的項目開支超出了預算20%。

這是一個驚人的數字，意味着項目的利潤快被超支的成本吃光了。更讓我吃驚的是，開支超了這麼多，項目進行中為何沒人察覺？我追問原因，阿穎回答說，是客戶臨時增加了兩次實地考察，因而才多花了招待費。這個說辭我不能接受，兩次招待費就能讓預算多出兩成，那一定是中間發生了甚麼不好的事情。

果然，阿穎在我的追問下說了實話：「老闆，期間的這兩次接待，我們團隊在費用上沒控制好，本想着預算費用甚麼的還會有富餘，所以當時就沒太在意，想着一定要讓客戶滿意，手一鬆便多花了不少錢。還有，據我了解項目負責人是給客戶額外買了禮物的，你可以查看賬單，走的都是公賬。」

我說：「這可不是小事，工作向來是有預算的，必須嚴格遵循預算控制規定，決不能有多少花多少；而是應該讓你花多少就花多少，儘量給公司省錢。省下的錢其實就是利潤。下次不管甚麼方案，都給我弄的明明白白的再做；如果你們事前控制不了，事中就要報給我，由我來決定。」

有句話說：「凡事預則立，不預則廢。」講的就是預算和做計劃的觀念。

現代管理中我們正面臨「全面預算管理」的問題，這已經成為一家公司能否在激烈的競爭環境中有所發展的重要模式。

在我看來，全面預算管理對團隊來說有兩個關鍵原則：

第一，管理者要考慮到方方面面的預算，事先做出全面的計劃。

第二，每一名團隊成員都要有預算思維，參與到預算管理中，沒人能置身事外。

全面，指的便是全員參與、面面俱到。

作為上司，在日常培訓中一定要灌輸給員工預算管理的觀念，事先分配好公司的財力和人力資源，實現團隊的既定目標。

在這個過程中，管理者既可以通過全面預算管理來監控項目的進度，控制支出，也可以通過對責任、權利的有效分配，引導員工互相促進、彼此監督，加強下屬的凝聚力，方可將管理上升到一個較高的水平。

CHAPTER 10

溝通邏輯

溝通不是說說那麼簡單

01 結束了，就別再囉嗦！

如果你總是糾纏在一些重複而無意義的話題中，比如已無法改變結果、也早已結束的事情，很顯然你將一直陷入某種消極的情緒中很難走出來。

溝通時有一個基礎原則，就是要節省時間，在最短的時間內說完那些重要的事。

有一次在外面見完客戶回到公司，阿明跟在我屁股後面一個勁地道歉：「老闆，我對不起你，害你被客戶抱怨。」與客戶的這次會見不太愉快，我被對方着實數落了幾句。要論責任，顯然阿明就是罪魁禍首，他在項目中出了錯，連累我這個老闆出來頂鍋。

我說：「沒事，不用記在心裏，我們賺的錢，有一部分就是用來挨罵的。只要後續工作做好便可以了。」

阿明說：「可這個錯誤在我，讓你替我挨罵，我心裏過意不去。」

我說：「行！有這份心就行了，趕緊去把下一個項目盯好，別再犯同樣的錯誤就行了。」

阿明還在囉嗦：「要不然我去找客戶解釋解釋，這個事不是你的錯！」

我看了下手錶，馬上變臉，開始批評他：「你的時間到！我再強調一遍，盯好下一個項目就行！挨罵是工作的一部分！成年人，結果導向！你要是非要因為這個項目去找客戶，除非你是能反轉這個事，否則，就把這個事畫個句號，一切從新開始！明白嗎？而且我警告你，你再敢多說一句，立刻就到行政部門看飲水機去！」

溝通就是要用最短的時間，把最重要的事情一次說明白，決不囉嗦。

因為我們絕大多數的糾結與困惑、憤怒與失落，根源都來自於我們與別人溝通的方式。如果你總是糾纏在一些重複而無意義的話題中，比如已無法改變結果、也早已結束的事情，很顯然你將一直陷入某種消極的情緒中很難走出來。所以，對待事情乾脆利落，才能好好溝通，從前面總結有益的教訓，然後把後面的工作做好。

02 有時批評是一種保護

批評從來都是要具體情況具體分析，有時候對犯錯員工的批評並不是懲罰，而是一種保護他的方式，說白了即以小傷換大傷。而事後做好溝通十分重要，要讓他明白自己的真實用意。

鑑於阿明這一時期的表現的確不佳，老是惹我生氣，我就在公司的會議上批評了他。

會後，阿明找我談話，說他有情緒，必須跟我反映一下。

這很正常，沒有哪個員工被公開批評了以後心裏卻沒點情緒的。如果有，那他一定是裝出來的，我們反而要多加小心。

阿明說：「老闆，我那麼尊敬你，你私下批評我和指導我，我一定接受；可你在大會上當着公司所有人的面批評我，我覺得特別沒面子。」

挨了訓的員工都是這麼想的。

但是我說：「你犯的錯大家都知道，也都看在眼裏，我當眾批評你兩句，這事就過去了；否則一定有人不斷地投訴你，希望公司懲罰你，所以我這麼做是在保護你。我現在不批評你，等其他員工來告你的狀，到時還好下台嗎？」

批評從來都是要具體情況具體分析，有時候對犯錯員工的批評並不是懲罰，而是高高舉起，輕輕放下，是一種保護他的方式，說白了即以小傷換大傷。

比如，當你覺得這個犯錯的員工仍然值得重點培養，能力比較強和對工作比較重要時，就需要採取這種保護式的批評了。嚴厲的批評，是既讓他認識到自己的錯誤，也鼓勵他放下心理包袱，減輕他的心理壓力和環境壓力，以便更好地發揮水平。

這種情況下，事後做好溝通十分重要，要讓他明白自己的真實用意。只要選擇合適的時間和機會，既能達到批評的效果，也不會損及他的信心。

03 別人的錯誤要在私下說

溝通是要用心交流的，要站在對方角度，不是只站在自己的角度。當涉及別人的錯誤時，能私下講的，就不要拿到公開場合。

上周的某一日，阿晶來找我抱怨，她覺得同事阿俊太過分了，因為他在方案預算方面出了錯，自己發現了便好心跟他講，也提了建議；結果阿俊不但不感謝她，反而很生氣。她對此氣憤難平，認為阿俊是好心當作驢肝肺，狗咬呂洞賓，不識好人心。

我問：「你在哪兒跟他說的？」

阿晶說：「在公共辦公區。」

我說：「嗯，那大家都看見了，也聽見了？怪不得他生氣，要是我可能得跳起來揍你。」

阿晶頓時感到不安：「為甚麼啊？我這可是好心指出他的錯誤！早知道這樣我就不說了！」

我說：「你要是私下裏單獨地告訴他，那是你好心。但你當着全公司人的面說他錯了，而你又不是他的上級，那就不是好心。沒有人希望自己的錯誤被公開，尤其是被同事當眾公開。所以下次再遇到這種事情記住三句話：**自己的錯誤小聲說，別人的錯誤私下說，老闆的錯誤不去說！**」

這樣的例子很常見。

人人都有犯錯的時候，誰也不是聖人。我們指出別人的錯誤也很正常，工作中也需要對同事的錯誤予以糾正。問題在於，我們不能當着其他人的面揭醜。**你的本意是好的，但在他看來，卻會理解成另一種意圖：你是想看他當眾出醜。他就會對你的行為表現出強烈的敵意，甚至造成關係的破裂。**

在人與人的交流溝通中，發生誤解是常態，但是相互理解卻很難。

這是為甚麼呢？因為換位思考對人這種生物來說向來是最難以做到的，我們總是希望別人明白自己的意圖，很少體諒對方的難處。

因此到處都有人在說：「你不理解我。」可是你理解別人了嗎？所以，溝通不是說說這麼簡單的，是要用心交流的，要站在對方角度，不是僅僅站在自己的角度。當涉及別人的錯誤時，能私下講的，就不要拿到公開場合，否則你可能收拾不了場面！

04 會發言，還要勇於發言

「只說不聽」是不行的，但「只聽不說」也是一種缺點。所以一個人不僅要會發言，還要勇於發言，要有表達的勇氣，也要養成積極參與討論的習慣。

阿穎對一個問題感到不解：「老闆，為甚麼每次開會，你都要求我們積極發言啊？如果我沒話說，為甚麼非得說幾句呢？我光聽聽還不行嗎？」

我說：「很簡單，不發言你們進去幹甚麼？難道就是為了練習自己的聽力？」

阿穎說：「你看別的經理開會，大部分人進去都是坐在那裏聽，聽完就走，一點壓力沒有。他們的目的就是聽指示然後幹活的，我覺得那樣挺好，七嘴八舌的反而討論不出甚麼好思路。」

我說：「開會是希望你們能夠為現行的項目出謀劃策，通過討論，尋求更好的方案方法，我讓你們發言，是為了讓客戶看到，也讓你們自己清楚，是帶着腦子來開會的，是希望碰撞出火花的，不是來走形式的！」

「噢，」阿穎又問，「道理是對的，但我們要是說得不對或者不好呢？難道你不會發火嗎？」

我說：「如果發言的人很多，那你就要謹慎，如果就你一個人發言，那你可以大膽一點。總之一句話，只聽不說的那不是開會，那是集體看電影，一點意義沒有。」

人們都覺得自己懂得很多，是大明白。

比如有人埋怨公司的會議：「老闆整天講空話套話，一點實質內容沒有，在我看來……」私下裏說的頭頭是道，聽起來很有可行性。可真給他表達的機會了，他又不敢開口，心裏的話藏着掖着，沒有勇氣說出來。有想法卻不敢說，誰知道你是怎麼想的？有沒有解決問題的能力呢？

「只說不聽」是不行的，但「只聽不說」也是一種缺點。所以一個人不僅要會發言，還要勇於發言，要有表達的勇氣，也要養成積極參與討論的習慣。

05 跨部門溝通很重要

你不主動交流，其他部門對你的支持便沒有預期的效果，別人不知道你需要甚麼、想要甚麼。不要被動地等對方告訴你發生了甚麼問題，而應該通過持續地溝通來預防問題的發生。

阿明有一個很大的優點，就是喜歡積極地找我溝通。

他是個常做錯事，心裏又藏不住事的下屬。有一天他又來了：「老闆，我覺得你可有點偏心，阿卓的項目好幾個部門配合他，大家相干的、不相干的圍着他團團轉，幫他弄這弄那，可我的項目卻沒人管。我不得不想，是不是你有意安排的？你是不是想整我？」

我說：「你不主動找人家，誰能配合你？」

阿明一臉無辜：「可是我也不認識別的部門的人啊！能怎麼辦？」

我說：「你來公司半年了，別的部門的人也不去交往，當然沒人配合你；關係是走出來的，不是想出來的。阿卓來了才三個月，各部門的情況和關係都很熟識，沒事就主動過去溝通，等找人幫忙時也方便；不是說讓你跟人家成為朋友，但好歹互相認識一下吧？」

跨部門溝通對做好工作十分重要

在工作中，溝通不僅發生在同部門之間，也在不同的部門之間，而且對工作的順利與否更為重要。當兩個部門一起完成一項任務時，如果部門之間的溝通不順暢，交流遇阻，就會嚴重影響工作的進展。

你不主動交流，其他部門對你的支持便沒有預期的效果，別人不知道你需要甚麼、想要甚麼；你拒絕交流，兄弟部門也會以牙還牙，在某些環節報復你，形成了工作的盲區。

出現類似的事情時，往往都是溝通的責任，並非有人故意整你。要想提高自己的工作效率，就得學會跨部門的溝通技巧，增強對於工作的集體協調能力。

永遠不要嫌麻煩

需要謹記的一個重要原則是：**為了實現有效的跨部門溝通，我們永遠不要嫌麻煩。**

你不要以為和別的部門開個碰頭會、發幾封郵件就完了，還應該在協作的過程中隨時保持有效的聯繫（探討和提供實際的支援），主動了解對方的進度，提供幫助或者尋求幫助，互相掌握最新的情況。非常關鍵的一點是，**不要被動地等對方告訴你發生了甚麼問題，而應該通過持續地溝通來預防問題出現。**

06 駁斥不等同於積極發言

學會改變自己的心理狀態，對不禮貌的話題理智對待。在正確的溝通邏輯中，我們對於對方的要求盡可能正面回應和滿足。

阿穎非常渴望榮譽，跑來向我爭取。

她對我說：「老闆，我想競爭這個月公司的員工之星。我覺得自己業績很不錯，人緣也還行，能力也不差，你說呢？」

我說：「員工之星是個很好的獎勵，每個人都能申請，但最後都要我審批的，所以你肯定沒資格。」

阿穎感覺自己受到了劇烈的侮辱：「我在你面前的表現也不錯啊，每次開會我都積極發言，凡是老闆你的問題我都認真的聽並且都給出了有效的建議，我一心撲在工作上，來得比誰都早，走得比誰都晚，怎麼就沒戲呢？」

我冷笑道：「你知道你在我這裏的扣分項是甚麼嗎？每次開會我讓大家提建議，你都有不同的看法，而且你的看法明顯不是提建議，更像是在跟我對着幹。你這不是積極呼應，這是讓我下不來台，說難聽點是在公然對抗公司的大政方針。也就是我脾氣好，不然別說當員工之星了，你連當個普通員工都費勁。記住了，甚麼時候改掉愛駁斥的毛病，甚麼時候我就考慮把你放進考察名單。」

預期不同，就會駁斥

駁斥這個毛病一點也不少見，我們都遇到過這種人。不管你說點甚麼事，他不是冷嘲熱諷，就是雞蛋裏挑骨頭，跟你對着幹。總之他的目的不是好好討論，而是讓你不愉快。

人們為何在溝通時會駁斥呢？根本的原因是對溝通的預期不同。

比如，老闆訓斥一名犯錯的員工。

老闆說：「你怎麼又做錯了！」

員工說：「對不起！我以後會改正。」

這裏體現出的是預期相同，雙方都認為員工犯了錯而且需要改正。

反過來，如果員工強烈回擊：「你不能這麼說我，我做錯是有原因的。」

或者員工說：「你為甚麼口氣這麼粗暴！」

這裏體現出來的便是預期的衝突，老闆認為員工有錯，員工卻覺得自己事出有因，便情不自禁地駁斥老闆，通過反駁維護自己的面子和尊嚴。在心理學上，這叫作「交錯溝通」，雙方的期待從對話中得不到滿意的回應，談話必然充滿了火藥味。

如何改變抬杠式的溝通方式？

第一，學會改變自己的心理狀態，對不禮貌的話題理智對待。

溝通一點都不簡單，尤其在職場的語境中。哪怕別人站在權威的角度命令你，語氣和用詞均不禮貌，讓人很想發火；你也要嘗試理智地回應，探詢對方的意圖。有個成語叫「心如止水」，說的便是這種淡定的境界。

冷靜和開放的溝通態度，能為我們在任何一種場景的對話中帶來最大的回報，你也許會吃一時的小虧，但總能用這種方式赢得未來。這是有情緒的溝通中我們的最優選擇。因為這樣能夠最大限度地消除誤解，避免爭執。

第二，學會正面滿足對方的需求，並主動和直接地換取正面的結果。

人們之所以要溝通，是因為自己有某種需求想讓對方滿足。如果你拒絕滿足，抬杠就可能出現。

像阿穎，她覺得自己是在積極發言，在表達見解，其實是未滿足我的需求，所以在我看來她不是優秀的員工。

在正確的溝通邏輯中，我們對於對方的要求儘可能正面回應和滿足。

即使你沒有這個能力，也不要企圖迂迴或側面回應。在今天這個節奏緊張的社會，人的時間寶貴，精力有限，遇事不願深入思考，要學着主動和直接一點，和別人進行較為高效的溝通，才能贏得更多人的認可。

07 溝通的切入角度十分關鍵

溝通時一定要綜合地考量「話題、時機、位置、策略」這四個方面的因素，對具體的問題具體溝通，選取正確的溝通方式。

有一個項目阿明沒有做好，他不知道該如何跟客戶李生談，便向我討教。

阿明：「老闆，我這麼說行不行，這個項目的價格較低，所選的檔位又高，供貨的數量不夠，宣傳的平台又太少，所以這個單子才搞成這樣。這確實是事實，李生是明白事理的人，不會不理解吧？」

我說：「如果你打算這樣去談，請相信，李生一定充滿理解地罵你，甚至是趕你出來。」

阿明問：「可我總不能騙他吧？你說到底該怎樣談呢？」

我說：「不是讓你去騙客戶，是選擇一個合適的切入點。你可以說是物美價廉的平台太少，不符合李生的要求，因此工作的難度較大，講明項目出問題的原因。但是到最後你還要做　下表態，那就是你能夠、且有辦法解決這些問題，明白嗎？」

有的問題對方心知肚明，並不需要你跟他一五一十地說清楚。站在他的角度，他想聽的也不是刺耳的問題，而是你如何應對，也就是想知道在你的角度是如何思考這些問題的。

客戶當然是不能欺騙的，但溝通時不同的切入角度，即使談論同一件事，卻也會讓溝通的效果產生天壤之別。

角度不同，效果便不同，對方的情緒、反應和對你的看法也大不一樣。因此，溝通時一定要綜合地考量「話題、時機、位置、策略」這四個方面的因素，對具體的問題具體溝通，選取正確的溝通方式。

話題要對——任何溝通要想順利進行，首先需要把握的是交談的話題，必須是對方和你共同感興趣的事物，話題不對，說了也白說。

時機要好——時機不對，溝通就顯得冒昧。時機包括時間、場合、心情等，需要面面俱到地考慮到，不能馬虎對待。

位置要佳——位置就是切入點，切入點選得好，溝通才能成功圓滿，比如態度和語氣、解讀問題的角度和立場等，選好了切入點，溝通已經成功了一半。

策略要準——必須根據對方的性格、嗜好和品性來制定策略，量體裁衣，才能事半功倍。

後記

馬雲在國際貨幣基金組織舉辦的一次論壇上分享過自己的一個觀點。他認為一個人到阿里上班，不要考慮自己能夠為團隊做甚麼，**首先要思考的是他可以為自己做甚麼**。

他說：「這才是最重要的。假如他連自己都照顧不好，我們很難相信他能幫助阿里。」

這和本書的宗旨不謀而合。

人與人之間的差距其實並不是由他表面的能力決定的，而是取決於他的底層邏輯。底層邏輯的優秀與平庸，塑造了他的生命格局與事業的成就。

就如同馬雲的主張，一個人不需要甚麼都會，也不需要豪言壯語，他只要能做到不斷的學習和自我精進，更新提升自己的能力圈，在幾個關鍵的方面優化底層邏輯，就能贏下人生中的大部分目標。

第一，要充份認識到價值觀對於底層邏輯的重要性。

價值觀是我們成就自己的人生和事業的核心因素，也是構建底層邏輯的基礎。只有用正確的價值觀來指導自己的思想，才不至於多走彎路甚至於完全走錯方向。

比如，熱愛生命、為團隊奉獻等都屬於正確價值觀的範疇，利己主義和消極悲觀則是錯誤的價值觀。

第二，提高解決問題的能力，永遠是最過硬的底層邏輯。

我們去那些優秀的大公司考察，會發現他們的員工很實在，當公司交給一項複雜而且難度很高的任務時，他們不太會去質疑方向或企圖採取偷懶、拖延的策略；他們沒有官僚作風，也沒有投機思想，而是會討論如何實現這個目標。他們一旦遇到了問題就會尋求解決方案，遵從命令向前衝鋒，不達目的誓不罷休。

解決問題的能力，永遠是我們最需要的底層邏輯。不要害怕問題，也不要躲避，將自身的能量聚焦到正面應對的角度，我們就能不斷地提高能力，進而加強自身價值。

第三，為了持續成長，我們要擁抱變化，樂於分享。

擁抱變化，意味着你能適應環境；樂於分享，說明你具有寶貴的團隊精神。這兩點保證了我們能持續地在競爭中成長，獲取很好的上升通道。要敢於改變自己，也要多幫助別人。因為在成就他人的同時，你也在成就你自己。這可以讓你擁有更加開放的心態和對於環境無比堅韌的適應能力。

你在團隊中分享得愈多，成長也就愈快。

附錄

可以改變你命運的30條底層邏輯

1. 不斷開拓視野，是成長過程中最要緊的一件事

不要覺得現在很好，就以為將來也很好。未來並不是由你今天的視野決定的，而是由你視野的開拓性決定的。

如果一個人能不斷地修正昨天，讓自己看得更遠、想得更深，他的未來就有了堅實的保障。

2. 尊重客觀規律，讓自己順勢而為

無論任何時候都要尊重規律，不要逆勢而為。按規律辦事，順勢而為，比聽從別人的看法更重要！

3. 重視自己學習的能力

不停地學習，才能保持正確的方向。一個願意不停學習的人，即使他沒甚麼學歷，也能逐漸取得很好的成績，

超越那些學歷比自己高、但學習力比自己差的對手。

4. 知道自己需要甚麼，才能把握機遇

如果不知道自己需要甚麼，就不知道甚麼是機遇。因此，想真正地抓住寶貴的機會，就得明確自己想要甚麼。

5.提高你的「綜合素質」

現在已經是比拼「綜合素質」的時代。甚麼是綜合素質？是智力、知識、覺悟和意志力的結合。

6.為自己找到強大持久的驅動力

工作需要目標，更需要內在的驅動力。回答「為了甚麼」很重要，找到這個問題的答案，然後和自己遠大的目標綁定在一起。

7.保持正確的心態

不論任何時候，心態都要正確，否則就容易走入歧途，犯下錯誤。這說明，思路清晰遠比賣力苦幹來得重要，人在任何時候都要保持足夠的冷靜和理性。

8.做對的事情

隨時都要做正確的事情。因為選對前進的方向遠比默默努力地去做事重要一百倍，去做對的事情，永遠比把錯誤的事情做對來得要緊。

9.無論多難，都要有改革的勇氣

我們在表面上缺的是金錢，本質上缺的是觀念。所以，要勇於改變，敢於變革。不管阻力有多大，都要有改革的勇氣，才能把握自己的命運。

10.如果事情無法改變，先改變你自己

每個人都想展現自己的不凡，去和命運抗爭！但如果事情已經無法改變，那就要改變自己。改變了自己，就改變了眼界，發現了新的角度，找到了新的出口。

11.成功不能寄望奇蹟

哪怕極為微小的成功，也不能指望運氣。運氣能幫你一次，幫不了你第二次、第三次。成功不在於你有多少資本，而在於你如何運用這些資本。因此，成功依靠的是努力，是智力，也是對你綜合素質的考驗。

12.撐不住的時候，告誡自己「再努力一會」

想得到一樣東西，不但需要勇氣，還需要強有力的堅持。有時候，不是你沒有辦法做成一件事，而是你放棄得太早了。如果再堅持一會，你會看到不一樣的結果。

13. 必須重視環境的作用

環境對人的影響很大，在某些時間甚至是決定性的。就像一粒種子，它必須放到肥沃的土壤才能生根發芽。好的環境成就好的結果，壞的環境則讓人走向歧途。所以，選擇好的環境，然後去適應它；遠離壞的環境，然後屏蔽它。

14. 懂得如何避開「解決不了的問題」

你要知道如何解決問題，但你也必須要懂得如何避開解決不了的問題，這比知道如何解決問題更重要，也更寶貴。因此，在漫長的競爭中最後的勝出者總是善於預防風險的人，而不是精於戰勝問題的人。

15. 保障自己情緒的底線

你要控制自己的情緒，不要讓情緒控制你的行動。人和人之間的差別，有時就在於對情緒的控制力。你要讓自己在大部分的時間裏變得平和、從容與淡定，而不是憤怒、衝動和盲目。你要讓內在像鋼鐵一樣堅韌，而不是讓耳朵來支配你的心靈。

16. 至少要有一個備用方案

對任何問題都要有預案，在順利的時候想到不利，不利的時候準備好退路；現行方案行不通時，就要及時拿出備用方案。擁有預案思維，可以讓你在工作和生活中不論遇到甚麼突發情況，都能從容應對。

17.定期糾正自己的不良習慣

不良習慣如果不糾正，就會融入你的本能，產生不良的行為慣性。它將改變你的人生走向，鑄成錯誤的行為模式。現實中，人們往往難以改變習慣，因為造就習慣的恰恰就是他自己。所以，失敗者其實也是不良習慣的奴隸，只能掙脱習慣的枷鎖，才能形成新的正確的邏輯。

18.方向如果錯了，一切都錯

假如你的方向錯了，那麼你愈是努力，錯誤就愈大。在埋頭工作時，一定要抬頭看看你正朝甚麼方向走去。方向如果不對，再多的努力都白費。

19.對事物要有前瞻的決斷力

只有一般的決斷力還是不夠的，要想爭取主動，就必須佔據未來的優勢。這決定了我們必須擁有前瞻性的決斷力，要對未來有良好的判斷，並且在關鍵的時刻能夠作出迅速的決策。

20. 提出問題很重要

大膽地提出問題，看到問題，這遠比解決問題難，也比解決問題重要。因為解決問題只是技術性的能力，而提出問題才是革命性和決定性的能力。所以，預先發現問題的能力才是我們優先具備的。能夠發現和提出問題的人才有資格擔任領導者，只能解決問題的人則是優秀的下屬。

21. 比別人早跑一步

早跑一步就是事事想在前，行動跑在前。在別人不明白的時候你明白了，在別人明白的時候你已經行動了，在別人行動的時候你已經成功了。不管是思考還是行動，我們都要有先見之明。

22. 偏見的思維比無知更可怕

偏見是甚麼呢？就是他只想看到自己「想看到的東西」。這比無知更可怕，因為無知者可以學習，偏見者卻拒絕學習。

23. 失去信心，你就甚麼都沒了

再長的路也會有終點，再長的黑夜也會有盡頭。因此，在失意時不要害怕，更不要絕望，只要耐心等一會，總能等到日出，也總能解決眼前的問題。前提是，你自始至終都沒有失去信心。

24.最差的時候，其實也是最好的開始

在我們跌到人生最低谷時，恰恰是面臨轉折的最佳階段。這時候你要做的不是抱怨和哭泣，而是積累能量，準備迎接即將到來的爬升。如果此時你自怨自艾，必將坐失良機。

25.創新才能發展，努力才能突破

創新就是求新，就是改革和求變。創新不是排斥舊的東西，而是繼承好的傳統，同時追求新的突破。創新是內在力量的蛻化，也是讓自己積累下來的成果獲得質的飛躍。

26.要發揮出自己的優勢，這比避開缺點重要

某種程度上，成功就是我們優勢的發揮，而失敗則是缺點的累積。所以，發揮你的優勢，就等於成功了一半。你要集中全力在自己的長處上，對它進行強化，讓它成為你無與倫比和不可取代的一種能力，然後去滿足人們的需求。

27.永遠別被你的夢想綁架

不要成為你夢想的奴隸。再美麗的夢想，如果你只是空想，也達不到目標。你要讓自己擁有實幹精神，要理性地對待自己的夢想——懂得捨棄不切實際的目標，明白如何糾正它，而不是任何條件下均盲從於它。

28. 如果你是對的，就不用管別人在說甚麼

如果你的目標已定，並且是正確的，那就不用在乎別人的眼光和口水。我們無法堵住別人的嘴巴，但卻能掌握自己的行動。

29. 懂得「從現在開始」，而不是「明天再說」

現在比昨天重要，也比明天重要。如果你有一個計劃，那就從現在、當下的這一秒開始。我們要用行動撞擊命運，用決心超越夢想，用腳步鋪墊未來。過去和將來做甚麼並不重要，現在做甚麼才最重要。為了擁有真實的未來，你必須先改變現在，從現在開始行動！

30. 任何時候都不要心懷恐懼

你必須把全部的精力投注到自己想要的東西上，而不是總注意自己在恐懼甚麼！否則，恐懼一直都在，而且越來越強烈，直到最後把你擊垮。「恐懼」是我們大步向前的最大阻力。

職場生存術

搞懂職場邏輯就能輕鬆工作

著者
張羽

責任編輯
周宛媚

美術設計
李嘉怡

排版
辛紅梅

出版者
萬里機構出版有限公司
香港北角英皇道499號北角工業大廈20樓
電話：2564 7511
傳真：2565 5539
電郵：info@wanlibk.com
網址：http://www.wanlibk.com
http://www.facebook.com/wanlibk

發行者
香港聯合書刊物流有限公司
香港新界大埔汀麗路36號
中華商務印刷大廈3字樓
電話：2150 2100
傳真：2407 3062
電郵：info@suplogistics.com.hk

承印者
美雅印刷製本有限公司

出版日期
二〇二〇年五月第一次印刷

規格
32開（210mm×142mm）

Published and Printed in Hong Kong.
ISBN 978-962-14-7236-6